Die Autoren danken ihren Freunden und Mitarbeitern Gibbo und Silvia sowie dem gesamten Team von Bioradar. Dank auch an Edoardo Cafasso für die Fotos dieses Buches und ein besonderes Dankeschön an Chiara Governi.

Originalausgabe:
Originaltitel: Il libro che ti semplifica la vita. 91 idee geniali per tutti i giorni
Texte: Letizia Cafasso – Sandro Russo
© 2014 Giunti Editore S.p.A.
Firenze – Milano
www.giunti.it

Deutschsprachige Ausgabe:
© KOMET Verlag GmbH
Emil-Hoffmann-Straße 1, D-50996 Köln
Deutsche Fassung: Achim Wurm
Fotos: Seite 9 (links), 21, 29, 37, 79 und 151: Irina Gilgen
Alle übrigen Fotos: Edoardo Cafasso
Gesamtherstellung: KOMET Verlag GmbH, Köln
Alle Rechte vorbehalten
www.komet-verlag.de

DAS LIFE TRICK BUCH

DIE GENIALSTEN LIFE HACKS FÜR DEN ALLTAG

🙶 INHALT

EINLEITUNG 8

1. Wie findet man den Anfang vom Klebeband wieder? 10
2. Was tun, wenn der Reißverschluss nicht schließt? 12
3. Wie lagert man viele Flaschen in einem kleinen Kühlschrank? 14
4. Wie bringt man Ordnung in den Kabelsalat auf dem Schreibtisch? 16
5. Wie lässt sich eine angebrochene Tüte wieder fest verschließen? 18
6. Wie merkt man sich, wem man was geliehen hat? 20
7. Wie lässt sich wirklich alles aus einer Tube herausholen? 22
8. Wie lässt sich der Platz im Kleiderschrank verdoppeln? 24
9. Wie bleiben Bananen länger frisch? 26
10. Wie lässt sich die Signalstärke eines WLAN-Routers erhöhen? 28
11. Wie isst man ein Eis am Stiel, ohne klebrige Finger zu bekommen? 30
12. Wie lässt sich ein kaputter Hosenbügel doch noch benutzen? 32
13. Wie lassen sich Geschenkpapierrollen am besten aufbewahren? 34
14. Wie baue ich mir einen Lautsprecher für mein Smartphone? 36
15. Wie bewahrt man Spaghetti auf, ohne dass sie brechen? 38
16. Wie fängt man Bohrstaub auf und hat trotzdem beide Hände frei? 40
17. Was tun mit ausgeleierten Schrauben? 42
18. Wie lassen sich Topfdeckel im Schrank übersichtlich verstauen? 44
19. Wie verstaue ich meine Schuhe im Koffer und behalte dabei den Überblick? 46
20. Wie lassen sich Hemdfalten in letzter Minute ausbügeln? 48

21.	Wie wird ausgetrocknete Wimperntusche wieder flüssig?	**50**
22.	Wie lässt sich mehr Lautstärke aus einem Laptop herausholen?	**52**
23.	Wie schlägt man einen Nagel sicher in die Wand?	**54**
24.	Wie lassen sich beim Kopfhörer rechts und links unterscheiden?	**56**
25.	Wie lässt sich Kabelbruch verhindern?	**58**
26.	Wie bleiben Stecker und Verlängerungskabel fest verbunden?	**60**
27.	Wie zündet man am besten Kerzen an, ohne sich die Finger dabei zu verbrennen?	**62**
28.	Wie saugt man Kleinteile auf, ohne dass sie im Staubsaugerbeutel verschwinden?	**64**
29.	Wie verhindert man, dass ein loser Knopf endgültig abreißt?	**66**
30.	Wie bleibt das Wasser in der Flasche möglichst lange kalt?	**68**
31.	Wie lassen sich Plastikverpackungen im Handumdrehen öffnen?	**70**
32.	Wie überlistet man den Schwachpunkt von Flipflops?	**72**
33.	Wie lassen sich Erdbeerstiele kinderleicht entfernen?	**74**
34.	Wie verhindert man, dass Kinder aus dem Bettchen fallen?	**76**
35.	Wie öffnet man eine fest verschlossene Glaskonserve?	**78**
36.	Wie wird eine stumpfe Schere wieder scharf, ohne dass ein Fachmann ran muss?	**80**
37.	Wie vermeidet man beim Anstreichen Flecken und Kleckse?	**82**
38.	Wie kommt man mit dem Staubsauger bis in den hintersten Winkel?	**84**
39.	Wie lassen sich Schlüssel im Bund besser auseinanderhalten?	**86**
40.	Wie hindert man einen Strohhalm daran, aus der Dose zu steigen?	**88**
41.	Wie lassen sich Haare und Flusen am besten vom Teppich kehren?	**90**
42.	Wie hält man ein ganzes Bündel Tüten in nur einer Hand?	**92**
43.	Wie lässt sich aus einem Smartphone ein Notlicht bauen?	**94**

44.	Wie markiert man die richtige Stelle für den Nagel in der Wand?	**96**
45.	Wie lässt sich eine fest verzurrte Tüte aufknoten?	**98**
46.	Wie belegt man eine Scheibe Toast, ohne Platz zu verschwenden?	**100**
47.	Wie lackiert man sich die Fingernägel, ohne Flecken zu machen?	**102**
48.	Wo kann man ein Smartphone ohne Ladegerät aufladen?	**104**
49.	Wie kann man enge Schuhe selbst weiten?	**106**
50.	Wie lassen sich auch in einer kleinen Küche große Gerichte zaubern?	**108**
51.	Wie entkalkt man einen Wasserhahn, ohne ihn abzuschrauben?	**110**
52.	Wie öffnet man eine Weinflasche ohne Korkenzieher?	**112**
53.	Wie verhindert man, dass Haarnadeln in der Schublade verloren gehen?	**114**
54.	Wie ziehe ich mir ganz allein den Reißverschluss im Rücken hoch?	**116**
55.	Wie hängt man etwas ohne Haken an die Wand?	**118**
56.	Wie schließt man ein Armband mit einer Hand?	**120**
57.	Wie wird eine zerkratzte CD wieder abspielbar?	**122**
58.	Wie lassen sich Autoscheinwerfer wieder aufpolieren?	**124**
59.	Wie schneidet man eine weiche Masse sauber ab?	**126**
60.	Wie kann man Kühlpads selber machen?	**128**
61.	Wie entfernt man die Wollflusen von einem Pullover?	**130**
62.	Wie lässt sich eine Getränkeflasche in kürzester Zeit herunterkühlen?	**132**
63.	Wie lassen sich Spritzer beim Quirlen vermeiden?	**134**
64.	Wie öffnet man eine Glaskonserve mit Vakuumverschluss?	**136**
65.	Wie lässt sich in weniger als einer Stunde ein Eis herstellen?	**138**
66.	Wie kann man Butter zum Backen schnell weich machen?	**140**

67.	Wie stricht man ohne Farbspritzer die Decke?	**142**
68.	Wie kann man verhindern, dass Ringe abfärben?	**144**
69.	Wie lässt sich verhindern, dass Kleider vom Bügel rutschen?	**146**
70.	Wie lässt sich Eis in den Wein geben, ohne ihn zu verwässern?	**148**
71.	Wie bewahrt man Schrauben und Dübel von einem Möbelstück auf?	**150**
72.	Wie löst man Abklebeband sauber von der Wand?	**152**
73.	Wie lassen sich Rotweinflecken entfernen?	**154**
74.	Wie lassen sich Zwiebeln am besten aufbewahren?	**156**
75.	Wie bewahrt man eine Lichterkette ordentlich auf?	**158**
76.	Wie wird eine Ingwerknolle ohne Verluste geschält?	**160**
77.	Wie lässt sich ein Eimer mit Wasser füllen, der nicht ins Becken passt?	**162**
78.	Wie lässt sich Eis am Stiel ganz einfach selber machen?	**164**
79.	Wie schneidet man mehrere Kirschtomaten auf einmal?	**166**
80.	Wie bleibt Eis im Gefrierfach schön cremig?	**168**
81.	Wie lassen sich Knoblauchzehen am besten schälen?	**170**
82.	Wie hält man einen Getränkekarton beim Einschütten?	**172**
83.	Was tun mit einer versalzenen Suppe?	**174**
84.	Wie macht man einen Reißverschluss wieder flott?	**176**
85.	Wie macht man Selfies, ohne zu wackeln?	**178**
86.	Wie bleiben kohlensäurehaltige Getränke länger frisch?	**180**
87.	Wie wird eine Banane richtig geschält?	**182**
88.	Wie lernen Kinder mit viel Spaß, rechts und links zu unterscheiden?	**184**
89.	Wo lassen sich Banknoten unauffällig im Gepäck verstecken?	**186**
90.	Wie bringt man Ordnung in den Putzschrank?	**188**
91.	Wie lässt sich Ordnung in das Chaos der Fernbedienungen bringen?	**190**

EINLEITUNG

Manchmal bräuchte man ihn: den Stein der Weisen – die Lösung für alle Fragen und Probleme, die das Leben so mit sich bringt, für die großen und kleinen Katastrophen, die einem den Alltag verflixt schwer machen können… Den Stein der Weisen können wir Ihnen leider nicht anbieten, aber immerhin ein Buch, randvoll mit Ideen, Tricks und ungewöhnlichen Lösungen für die vielen kleinen Alltagsprobleme, mit denen wir uns so herumschlagen.

Dabei ist die Lösung oft ganz simpel und liegt sozusagen zum Greifen nah – man muss nur darauf kommen! Wir haben für Sie nachgedacht und recherchiert und solche Lösungsvorschläge gesammelt. Sie sollen helfen, Ihnen das Leben einfacher zu machen! Es sind Ideen für alle Lebenslagen, für Kinder und Erwachsene, Frauen und Männer, Alt und Jung. Zu Hause oder unterwegs, in der Küche, im Büro, beim Heimwerken oder bei der Schönheitspflege – für alle und jeden ist etwas dabei!

Alle Tipps wurden ausprobiert und getestet. Fotos helfen, auf einen Blick zu verstehen, worum es geht; kurze, verständlich geschriebene Texte geben genaue Anweisungen, halten Zusatztipps und Hintergrundinformationen bereit. Wichtig war uns, dass jeder unsere Tipps umsetzen kann, und zwar mit wenigen einfachen Hilfsmitteln und ohne besondere Kenntnisse und zusätzliche Kosten.

Wir haben zwar nicht das Rad neu erfunden, aber vieles entdeckt, um das Rad des Alltags besser zum Laufen zu bringen! Gewusst wie: 91 simple Lösungen für alltägliche Probleme und Aufgaben, die sich ganz einfach mit dem umsetzen lassen, was gerade zur Hand ist. Denn auch darum ging es uns – Möglichkeiten aufzuzeigen, wie sich alltägliches Material mit etwas Fantasie und Einfallsreichtum wiederverwerten, sinnvoll verwenden und damit aufwerten lässt. Ein Beitrag zur Nachhaltigkeit und zugleich ein Mittel, Ihr Leben einfacher zu machen. Was will man mehr?

1

Auf der Suche nach dem verlorenen Anfang

WIE FINDET MAN DEN ANFANG VOM KLEBEBAND WIEDER?
MITHILFE VON ZAHNSTOCHERN ODER BÜROKLAMMERN!

Immer dasselbe Problem: Sie wollen ein Paket oder ein Geschenk einpacken, aber der Anfang des Klebebandes lässt sich einfach nicht wiederfinden. Eine neue Rolle hat ja wenigstens noch eine Papierzunge am Anfang, aber ist die einmal weg, haftet das Ende so fest an der Rolle, dass man beim besten Willen nicht mehr erkennen kann wo, so oft man die Rolle auch dreht und wendet. Und falls doch – in welche Richtung soll man ziehen? Aber es gibt einen Ausweg: nach Benutzung einfach einen kleinen Gegenstand – einen Zahnstocher, ein Streichholz oder eine Büroklammer – an das lose Ende heften, und das Suchen hat ein Ende.

> **TIPP**
> Das Band an der Schnittstelle mit der Klebeseite nach innen falten, sodass eine feste Zunge entsteht.

2

Wenn unterwegs der Reißverschluss versagt

WAS TUN, WENN DER REISSVERSCHLUSS NICHT SCHLIESST?
EIN SCHLÜSSELRING BRINGT SCHNELLE HILFE!

Sie kennen das: Der Reißverschluss an der Jeans schließt nicht mehr richtig und rutscht nach unten – wie peinlich! Und zwar am liebsten, wenn man im Büro oder im Restaurant ist und kein Nähkästchen in Reichweite. Was tun? Knifflig ... aber machbar! Für eine komplizierte Reißverschlussreparatur (die ohnehin nicht jedermanns Sache ist) bleibt keine Zeit, es reicht ja, wenn der Reißverschluss oben bleibt. Um das zu bewerkstelligen, brauchen Sie nur einen Schlüsselring ungefähr von der Größe eines Fünfcentstücks und etwas Geschick. Den Ring durch die Öse führen, den Reißverschluss hochziehen und dann den Ring über den Hosenknopf lupfen: Voilà, die Situation ist gerettet (und Ihre Lieblingsjeans auch ...).

❝ TIPP
Alternativ funktioniert dieser Trick auch mit einer Büroklammer oder einem Stück Schnur.

Viele Gäste, kleiner Kühlschrank …

WIE LAGERT MAN VIELE FLASCHEN IN EINEM KLEINEN KÜHLSCHRANK?
MIT UMLEGEKLAMMERN ALS HALTER!

Die Zahl der Gäste übersteigt das Fassungsvermögen Ihres Kühlschranks – was tun? Pyramiden bauen, aber gewusst wie! Mit einer Umlegeklammer als Halterung ist das gar kein Problem. Einfach die Flaschen reihenweise übereinanderschichten und nach oben die Zahl der Flaschen verringern (sonst wird die Konstruktion zu schwer). Das Ganze mit Klammern an der Seite sichern, dann passt auch noch etwas daneben, und nichts gerät ins Rollen, wenn Sie eine Flasche herausnehmen. Optimale Platzausnutzung und maximaler Trinkgenuss! Nur aufpassen, dass die Kunststoffummantelung des Kühlschrankgitters nicht beschädigt wird!

HINWEIS
Wäscheklammern halten nicht!

4

Für alle, die reinen Tisch machen wollen

WIE BRINGT MAN ORDNUNG IN DEN KABELSALAT AUF DEM SCHREIBTISCH?
MITTELS PRAKTISCHER UMLEGEKLAMMERN

Man muss kein ausgesprochener Computerfreak sein, um Laptop, Drucker, Smartphone und noch mehr Elektronik auf seinem Schreibtisch zu haben. Und alles benötigt eine eigene Strom- oder Datenleitung. Im Nu ist der Kabelsalat komplett … Ordnung auf dem Schreibtisch kehrt ein, sobald jedes Kabel einzeln mit einer Klammer an der Tischkante befestigt ist und nur losgelassen wird, wenn man es braucht. Immer hübsch der Reihe nach, danach zurück in Warteposition! Und bücken muss man sich auch nicht mehr. Um das Kabel zu befestigen, die Bügel der Klammer nach hinten legen, das Kabel hindurchführen und dann die Klammer aufbiegen und feststecken.

❝ **TIPP**
Unterschiedliche Bügelklammern je nach Kabelgröße wählen.

5

Für mehr Frische in Ihrem Leben

WIE LÄSST SICH EINE ANGEBROCHENE TÜTE WIEDER FEST VERSCHLIESSEN?
MIT EINER ABGESCHNITTENEN PLASTIKFLASCHE!

Hat man eine Tüte Kekse oder einen Beutel Kartoffelchips erst einmal geöffnet, ist es mit der Frische schnell vorbei. Was heute noch knackig war, ist morgen schon pappig. Abhilfe bringt eine besonders trickreiche Form des Recyclings: Nehmen Sie eine Getränkeflasche aus Kunststoff und schneiden Sie sie unterhalb der Schulter ab. Mit dem verbleibenden Stück samt Drehverschluss lässt sich jede Plastiktüte in nur drei Schritten wieder nahezu luftdicht verschließen: 1. die Tüte durch den Flaschenhals ziehen; 2. außen über das Gewinde stülpen; 3. den Deckel aufschrauben. Zum Öffnen die Tüte einfach herausziehen.

> **TIPP**
> Eignet sich für alle Haushaltsbereiche.

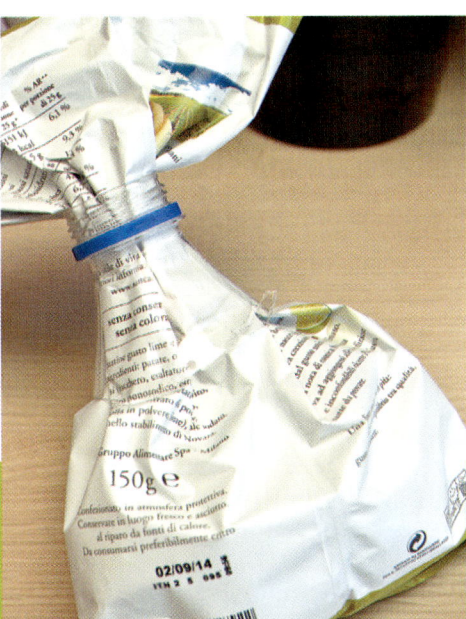

6

Wiedersehen macht Freu(n)de

WIE MERKT MAN SICH, WEM MAN WAS GELIEHEN HAT?
EINFACH NUR AUFS KNÖPFCHEN DRÜCKEN!

„Wo ist nur die CD mit der schönen Musik geblieben? Das gute Buch? Der spannende Film? Die prima Gartenschere? Wem habe ich sie nur geliehen, wer war das noch?" So geht es immer, und zwar meistens mit den Dingen, die einem besonders am Herzen liegen. Man weiß, dass man sie jemandem geborgt hat. Aber wem? Und wer führt schon extra Listen über so etwas… Moderne Technik macht's möglich: einfach die oder den Entleiher mit dem entliehenen Gegenstand in der Hand ablichten. Ein Klick – und fertig ist die elektronische Gedächtnisstütze. Wenn man die Sache dann zurück möchte, reicht eine kurze Nachricht mit dem Foto im Anhang. Ein Bild sagt mehr als tausend Worte: Wiedersehen macht Freude!

7 Bis zum letzten Tropfen

WIE LÄSST SICH WIRKLICH ALLES AUS EINER TUBE HERAUSHOLEN?
MIT EINER UMLEGEKLAMMER!

Plastiktuben sind leicht und praktisch. Aber viel zu oft bleibt ein Rest vom Inhalt in den Falten hängen. Um restlos alles aus einer Tube herauszuholen, hilft es, die Tube beim Ausdrücken vom Ende her aufzuwickeln und mit einer Klammer schön stramm zu fixieren. Nach jeder Entnahme ein Stückchen weiter aufrollen und festklammern. So hat man immer eine prall gefüllte Tube (und wer mag schon unordentlich zerquetschte Zahnpastatuben?). Ein leichter Druck genügt, und schon kommt das Produkt heraus, bis zum letzten Tropfen. Schließlich hat man nichts zu verschenken, und die Umwelt schont es auch.

„ TIPP
Wenn gar nichts mehr geht, die Tube unten aufschneiden und den letzten Rest herauskratzen!

8 Aus eins mach zwei

WIE LÄSST SICH DER PLATZ IM KLEIDERSCHRANK VERDOPPELN? GETRÄNKEDOSENLASCHEN SIND DIE LÖSUNG!

Platz im Kleiderschrank kann man nie genug haben. Aber wie behält man die Übersicht über all die Blusen, Röcke, Hosen, Jacken und Pullis? Hilfe im Kampf um Ordnung im Kleiderschrank bietet das unscheinbare Nebenprodukt vieler Erfrischungsgetränke in der Dose: die Verschlusslasche. Wenn die Dose leer ist, einfach die Lasche langsam hin und her biegen, bis sie sauber abbricht. Dann den Kleiderbügelhaken durch die runde der beiden Ösen führen. Den anderen Kleiderbügelhaken führen Sie dann durch die verbleibende Lasche, und schon hängen zwei Bügel statt einem im Schrank!

„ TIPP
Am besten sofort zusammenhängen, was zusammengehört!

9

Ein Frischhaltetrick aus dem Chemiebaukasten

WIE BLEIBEN BANANEN LÄNGER FRISCH?
MIT ETWAS FOLIE UM DEN STIEL!

Bananen sind der ideale Pausensnack für unterwegs, der seine natürliche Verpackung gleich mitbringt! Leider bleibt die Hülle oft nicht lange so makellos gelb wie am ersten Tag, und es bilden sich kleine braune Sommersprossen, bevor die Urwaldfrucht schließlich ganz braun und unansehnlich wird – kein sehr appetitlicher Anblick. Um zu verhindern, dass Bananen zu schnell reifen, gibt es einen Trick: Man wickelt ein wenig Frischhaltefolie um die Bruchstelle am Stiel. Dort scheidet die Frucht nämlich Äthylen aus, ein Gas, das bei der Reifung vieler Obstsorten entsteht und den Reifungsprozess beschleunigt. Ausgestattet mit dieser harmlosen „Gasmaske", bleibt der Frucht ihr strahlendes Gelb deutlich länger erhalten!

> **TIPP**
> Wie man Bananen richtig schält, erfahren Sie in Tipp Nr. 87.

10 Für besseren Empfang im Internetzeitalter

WIE LÄSST SICH DIE SIGNALSTÄRKE EINES WLAN-ROUTERS ERHÖHEN?
MITHILFE EINER EINFACHEN CHIPSDOSE!

„Signalstärke: hervorragend!" Leider kann man das nicht von jedem heimischen WLAN sagen. Mal setzt es einfach aus, mal schleppt sich der Ladevorgang Minuten hin. Grund: Die Signalstärke reicht nicht aus. Der Router steht womöglich in einem anderen Zimmer oder ein Möbelstück im Weg. Doch da lässt sich Abhilfe schaffen, und zwar mit einer einfachen Chipsdose. Nach dem Knabberspaß einfach den Boden herausdrücken und die Rolle über die Antenne des Routers stülpen.

Problem behoben! Klappt auch mit einer Getränkedose, von der man den oberen Teil abschneidet, oder mit einem zu einem Trichter gerollten Stück Alufolie.

11

Für große und kleine Leckermäuler

WIE ISST MAN EIN EIS AM STIEL, OHNE KLEBRIGE FINGER ZU BEKOMMEN?
MIT EINER PAPIERMANSCHETTE!

Wer kann schon an einem heißen Sommertag der Versuchung widerstehen, den Kindern oder auch sich selbst ein schönes Eis am Stiel zu gönnen? Wäre da nur nicht das Problem, die Finger dabei sauber zu halten, denn kaum hat man die süße Erfrischung in der Hand, beginnt sie auch schon zu schmelzen, und klebriger Saft rinnt den Stiel herab. Hier hilft eine Papiermanschette, z. B. von einer Praline oder einem Muffin. Einfach den Eisstiel in der Mitte durch die Papierform stecken, dann sammelt sich das geschmolzene Eis im Becher, die Finger bleiben trocken, und am Schluss kann man sogar noch den süßen Saft aus der Papierrosette schlürfen. Eine saubere Lösung!

> **TIPP**
> Und wenn kein Förmchen zur Hand ist? Dann wickeln Sie einfach die Eisverpackung um den Stiel!

12

Aus dem Kleider- in den Küchenschrank

WIE LÄSST SICH EIN KAPUTTER HOSENBÜGEL DOCH NOCH BENUTZEN?
ALS FRISCHHALTEKLAMMER!

Wenn ein Haushaltsgegenstand aus Kunststoff kaputtgeht, steht man manchmal vor der Frage: wegwerfen oder recyceln? Oft sind die Einzelteile ja noch völlig in Ordnung. Zum Beispiel bei einem Hosenbügel (meist hat man etliche davon im Schrank): Wenn die Stange bricht, kann man die beiden Klammern durchaus noch benutzen, und zwar zum Verschließen von Lebensmitteltüten im Haushalt. Oder man klemmt Strümpfe damit paarweise zusammen, bevor sie in die Waschmaschine wandern, das erspart anschließend die elende Sucherei nach Strumpf und Gegenstrumpf…

„ TIPP
Umfunktionieren ist besser als Wegwerfen!

13

Für Freunde schöner Geschenkverpackungen

WIE LASSEN SICH GESCHENKPAPIERROLLEN AM BESTEN AUFBEWAHREN?
MIT LEEREN KLOPAPIER- ODER KÜCHENTUCHROLLEN!

Eine liebevolle Verpackung gehört zu jedem Geschenk! Aber wohin mit dem übriggebliebenen Geschenkpapier? Einmal angebrochen, rollt es sich meist schief auf, es gibt Knicke und Falten, und das schöne Papier wandert schlimmstenfalls in den Müll. Das muss nicht sein! Rollen Sie überschüssiges Geschenkpapier sauber auf und stecken es dann, je nach Format und Menge, durch eine leere Klopapier- oder Küchentuchrolle, dann bleibt das Material fürs nächste Mal perfekt in Form!

> **TIPP**
> Falls die Papierrolle zu dick oder zu dünn ausfällt, schneiden Sie die Papprolle einfach der Länge nach auf und justieren sie, falls nötig, mithilfe eines Klebestreifens!

14 So klingt Ihr Smartphone laut und deutlich

WIE BAUE ICH MIR EINEN LAUTSPRECHER FÜR MEIN SMARTPHONE? MIT EINER PAPPROLLE UND VIER PINNWANDNADELN!

Ein Smartphone kann heutzutage Stereoanlage, CD-Sammlung und Radiogerät ersetzen – vorausgesetzt, man bringt es richtig zum Klingen. Dazu nehmen Sie eine Papprolle, schneiden passend zur Größe Ihres Smartphones einen Schlitz in die Oberseite und stecken das Gerät hinein. Je zwei „Füßchen" in Form von Pinnwandnadeln sorgen für aufrechten Halt. Die Rolle wirkt als Resonanzkörper, und der Klang bekommt mehr Volumen. Sie werden sehen: Da ist richtig Musik drin!

> **TIPP**
> Der Ton kommt bei einem Smartphone unten heraus, deshalb reicht es manchmal sogar aus, das Gerät in ein leeres Glas oder einen Becher als Schalltrichter zu stellen.

15

Für Pastagenuss in voller Länge

WIE BEWAHRT MAN SPAGHETTI AUF, OHNE DASS SIE BRECHEN?
IN EINER LEEREN KARTOFFELCHIPSDOSE!

Heiß begehrt bei Alt und Jung – nicht nur in Bella Italia: Spaghetti. Einziger Nachteil der schlanken Pastakreation: Was auf dem Teller so geschmeidig daherkommt, erweist sich in ungekochtem Zustand oft als ziemlich spröde. Ist die Packung erst mal angebrochen, brechen die übrig gebliebenen Spaghetti schnell in Stücke. Hier hilft eine schützende Hülle! Nehmen Sie eine stabile, genügend lange Chipsdose, reinigen Sie sie von innen, und geben Sie die losen Spaghetti hinein. Deckel drauf und weggestellt, so kann der zerbrechlichen Delikatesse nichts mehr zustoßen. Ungebrochener Pastagenuss ist von nun an garantiert!

> **TIPP**
> Weniger sensible Pastavarianten in der Tüte mit einer Klammer gut verschließen.

16

Löcherbohren ohne Staubaufwirbeln

WIE FÄNGT MAN BOHRSTAUB AUF UND HAT TROTZDEM BEIDE HÄNDE FREI?
MITHILFE EINES EINFACHEN POST-IT!

Handwerkerarbeiten im Haushalt machen Dreck. Löcherbohren z. B. produziert unschönen Bohrstaub, der auf den Boden oder die Möbel rieselt und sich überall verteilt. Dem lässt sich vorbeugen: Heften Sie ein Post-it unter die vorgesehene Bohrstelle und knicken Sie es L-förmig nach oben um, sodass Staub aus dem Bohrloch direkt auf das Papier fallen kann. Anschließend vorsichtig ablösen, zusammenfalten und weg damit. So hinterlassen Sie keine Spuren und haben beim Bohren auch noch beide Hände frei!

> **TIPP**
> Statt eines Post-it lässt sich auch ein Stück Papier mit einem Klebeband unter das Loch kleben und umknicken. Das Papier sollte aber nicht zu dick sein, damit sich auf dem Rand nicht zu viel Staub sammelt.

17

Schluss mit dem Kopfzerbrechen

WAS TUN MIT AUSGELEIERTEN SCHRAUBEN?
EIN GUMMIBAND KANN HELFEN!

Schrauben gibt es wie Sand am Meer – Kreuzschlitz-, Längsschlitz-, Sternkopfschrauben, und wie sie alle heißen. Und für alle braucht man den richtigen Schraubenzieher, dazu noch in verschiedenen Größen. Nur eine Schraube widersetzt sich hartnäckig jedem Lockerungsversuch: die Ausgeleierte! Schrecken aller Heimwerker und Quelle großen Kopfzerbrechens – manchmal auch das Ergebnis der falschen Schraubenzieherwahl… Aber was tun? Denn raus muss sie nun mal. Hier ein elastischer Lösungsvorschlag: Versuchen Sie es mit einem Stück Gummiband zwischen Schraubenkopf und Schraubenzieher. Es gleicht Unebenheiten aus und verhindert zudem ein weiteres Ausleiern des Schraubenkopfs. Manchmal muss es halt mit Gummi sein!

18

Zu jedem Topf ein Deckel

WIE LASSEN SICH TOPFDECKEL IM SCHRANK ÜBERSICHTLICH VERSTAUEN? MAN HÄNGT SIE AN DIE WAND!

Um Töpfe samt Deckel in den Schrank zu stellen, fehlt meist der Platz. Besser, man stapelt die Töpfe ineinander. Aber wohin mit den Deckeln? Meist scheppern sie dann haltlos durch die Gegend, sobald man den Schrank aufmacht. Das muss nicht sein, denn Ordnung ist auch hier das halbe Leben! Geben Sie Ihren Deckeln etwas zum Festhalten. Zwei Gardinenhaken erfüllen diesen Zweck hervorragend. Bringen Sie die Haken paarweise auf der Innenseite der Schranktür an, passend zum Deckelumfang, und achten Sie darauf, den Platz optimal auszunutzen. Von nun an findet jeder Topf ganz einfach seinen Deckel!

> **TIPP**
> Die Deckel halten am besten, wenn man die Haken auf „acht Uhr"- und „vier Uhr"-Position anbringt.

19

Für Reiselustige mit kleinem Gepäck

WIE VERSTAUE ICH MEINE SCHUHE IM KOFFER UND BEHALTE DABEI DEN ÜBERBLICK?
MIT EINER EINWEG-DUSCHHAUBE!

Wer viel auf Reisen geht – ob beruflich oder zum privaten Vergnügen –, kennt das Problem: Wie lassen sich möglichst viele Sachen in einem kleinen Koffer verstauen, ohne dass sie allzu sehr verknittern? Vor allem aber: Wohin mit den Schuhen? Damit nichts schmutzig wird, gehören sie in einen Schuhbeutel oder eine Plastiktüte, wenn welche zur Hand sind. Eine minimalistische Variante, die zugleich den Durchblick erlaubt, bieten transparente Duschhauben. Sie sind schmutz- und wasserdicht, nehmen kaum Platz weg und sind groß genug für alle gängigen Schuhtypen (Stiefel natürlich ausgenommen). Und hübscher als eine schnöde Plastiktüte sind sie allemal!

> **TIPP**
> Duschhauben nach Gebrauch nicht wegwerfen, sondern bei 30° in der Maschine waschen.

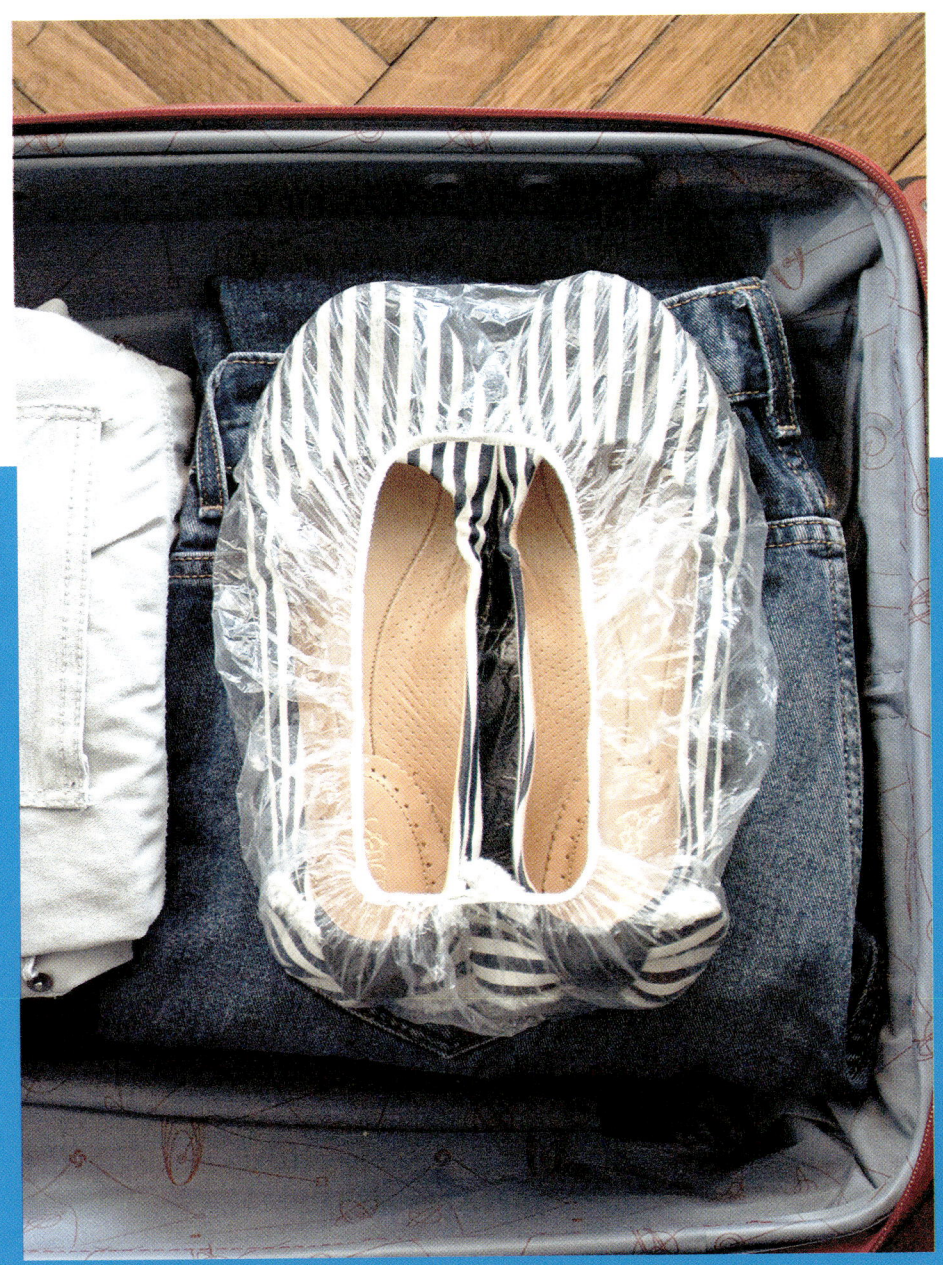

20

Bügeln ohne Bügeleisen

WIE LASSEN SICH HEMDFALTEN IN LETZTER MINUTE AUSBÜGELN?
MIT EINEM ELEKTRISCHEN GLÄTTEISEN!

Zu den ungeliebten Hausarbeiten gehört für viele das Bügeln. Vor allem im Sommer und besonders Hemden. Aber wer möchte schon auf schöne glatte Blusen verzichten? Wenn Sie keine Lust haben, das Bügeleisen aus dem Schrank zu holen, greifen Sie einfach zu einem elektrischen Glätteisen, wie es in der Haarpflege Verwendung findet. Das handliche Gerät heizt im Nu auf und erreicht dabei hohe Temperaturen. Die ausklappbare Form erlaubt auch das Glätten von Kragenstücken und Manschetten. Und das Bügeleisen kann im Schrank bleiben!

TIPP
Mit Vorsicht handhaben und aufpassen, dass das Eisen nicht zu nah an die Haut kommt, um Verbrennungen zu vermeiden!

Für glänzendes Augen-Make-up

21

WIE WIRD AUSGETROCKNETE WIMPERNTUSCHE WIEDER FLÜSSIG?
EIN PAAR AUGENTROPFEN GENÜGEN!

Frauen wissen Bescheid: Am Anfang ist die Wimperntusche noch schön flüssig und geschmeidig, aber schon nach kurzer Zeit wird sie zäh, dann klumpig und am Ende krümelig. Schuld ist die Luft im Behälter, die das Gemisch austrocknen lässt. Schütteln hilft da gar nichts, im Gegenteil, so kommt noch mehr Luft an die Flüssigkeit. Besser, Sie geben ein paar Augentropfen hinein, sobald die Tusche beginnt einzudicken. Dann mit der Wimpernbürste gut durchmischen, bis die richtige Konsistenz wiederhergestellt ist, und nötigenfalls noch ein paar Tropfen mehr hineinträufeln. So bleibt die Wimperntusche immer schön geschmeidig und der Augenaufschlag garantiert verführerisch!

> **TIPP**
> Derselbe Effekt lässt sich auch mit Kontaktlinsenlösung erzielen.

22

Voller Sound ganz ohne Boxen

WIE LÄSST SICH MEHR LAUTSTÄRKE AUS EINEM LAPTOP HERAUSHOLEN? MIT EINEM PLASTIKBECHER!

Wer unterwegs mit dem Computer arbeitet, wird selten externe Lautsprecherboxen mitschleppen. Aber wie der Zufall es will, muss man gerade dann eine Audiodatei abhören, skypen oder an einer Videokonferenz teilnehmen. Damit Ihnen akustisch dabei trotzdem nichts entgeht, gibt es eine simple, aber wirkungsvolle Notlösung: Schneiden Sie mit einer Schere einen Plastikbecher der Länge nach in zwei gleiche Teile. Dann legen Sie die beiden Hälften mit der Öffnung nach vorn über die Lautsprecher Ihres Laptops – fertig sind die Behelfsboxen.

" WISSENSWERT
Je dicker die Wandstärke des Bechers, desto besser die Schallübertragung.

23

Für Heimwerker, die ihre Finger schonen wollen

WIE SCHLÄGT MAN EINEN NAGEL SICHER IN DIE WAND?
MITHILFE EINER WÄSCHEKLAMMER!

Die Axt im Haus erspart den Zimmermann, aber manch einer verfehlt dabei das Ziel, und die Finger werden arg in Mitleidenschaft gezogen. Klassischer Fall: Sie wollen einen Nagel in die Wand schlagen, um ein Bild aufzuhängen – aber möglichst ohne Blessuren. Zur Vorsicht halten Sie den Nagel besser mit einer Wäscheklammer als mit Daumen und Zeigefinger. Dann hämmert es sich viel entspannter, denn für den nötigen Sicherheitsabstand zwischen Hammer und Finger ist gesorgt, auch wenn einmal ein Schlag danebengeht…

„ TIPP
Wer zusätzlich noch den Putz schonen will, überklebt die Einschlagstelle vorher mit Tapezierband.

24

Verwechslungs-gefahr ausgeschlossen

WIE LASSEN SICH BEIM KOPFHÖRER RECHTS UND LINKS UNTERSCHEIDEN?
MIT EINEM STÜCK FARBIGEM KLEBEBAND!

Musikhören wann und wo man will – auf Reisen, beim Joggen, unterwegs – Kopfhörer machen's möglich. Auch fürs mobile Telefonieren sind sie unentbehrlich. Wäre da nicht das Problem, wie sich der rechte Knopf im Ohr vom linken unterscheiden lässt. Natürlich sind die Ohrstöpsel meistens beschriftet („left/right"), aber so klein, dass man schon eine Brille braucht, um die Aufschrift zu entziffern. Keine gute Lösung, erst recht, wenn es schnell gehen soll. Machen Sie es sich einfach und wickeln etwas farbiges Klebe- oder Isolierband um eines der Kabel, z. B. um das rechte. So sehen Sie auf den ersten Blick, welche Seite in welches Ohr gehört. Unverfälschter Stereogenuss ist dann keine Frage des Zufalls mehr!

25

Schutz für schwache Stellen

WIE LÄSST SICH KABELBRUCH VERHINDERN? MIT DER SPIRALFEDER AUS EINEM ALTEN KUGELSCHREIBER!

Handys haben eins, Smartphones haben eins, Ladegeräte haben eins, eigentlich haben alle elektrischen und elektronischen Geräte eins: ein Kabel. Oft ist das Anschlusskabel das schwächste Glied in der Kette. Es wird hin und her geschoben, verbogen, verdreht, aufgerollt, abgeknickt – und irgendwann bricht es, die Drähte liegen blank, und das Ding geht in die Tonne. Hier lässt sich vorbeugen: Nehmen Sie die Spiralfeder aus einem alten Kugelschreiber, knipsen Sie die dichter gewickelten Enden mit einer Kneifzange sauber ab und wickeln Sie die Spirale vorsichtig über das Kabel (erfordert etwas Geschick). An der Verbindungsstelle zum Gerät fixiert, schützt dieses Korsett vor zu großer Belastung. Das Kabel wird es Ihnen danken – mit einem langen Leben!

26

Nie wieder Stromausfall auf den letzten Metern

WIE BLEIBEN STECKER UND VERLÄNGERUNGSKABEL FEST VERBUNDEN?
MACHEN SIE EINEN KNOTEN!

Ob im Haus, auf der Terrasse oder im Garten: Verlängerungskabel bringen den Strom dorthin, wo er gebraucht wird. Zum Beispiel, wenn die Musikanlage für Ihre Sommerparty im Garten stehen soll und der Kühlschrank für die kalten Getränke gleich daneben. Leider verlieren im Gewühl Stecker und Verlängerungskabel leicht den Kontakt, das Kabel bekommt Zug, der Stecker rutscht raus, und schon ist Schluss mit Musik und kalten Drinks. Dabei lässt sich diese Art Stromausfall ganz leicht verhindern: einfach die beiden Kabel wie auf dem Foto ineinanderschlingen, dann kann sie so schnell nichts mehr trennen!

> **TIPP**
> Ein nützlicher Trick, der auch verhindert, dass Sie beim Rasenmähen plötzlich ohne Strom dastehen.

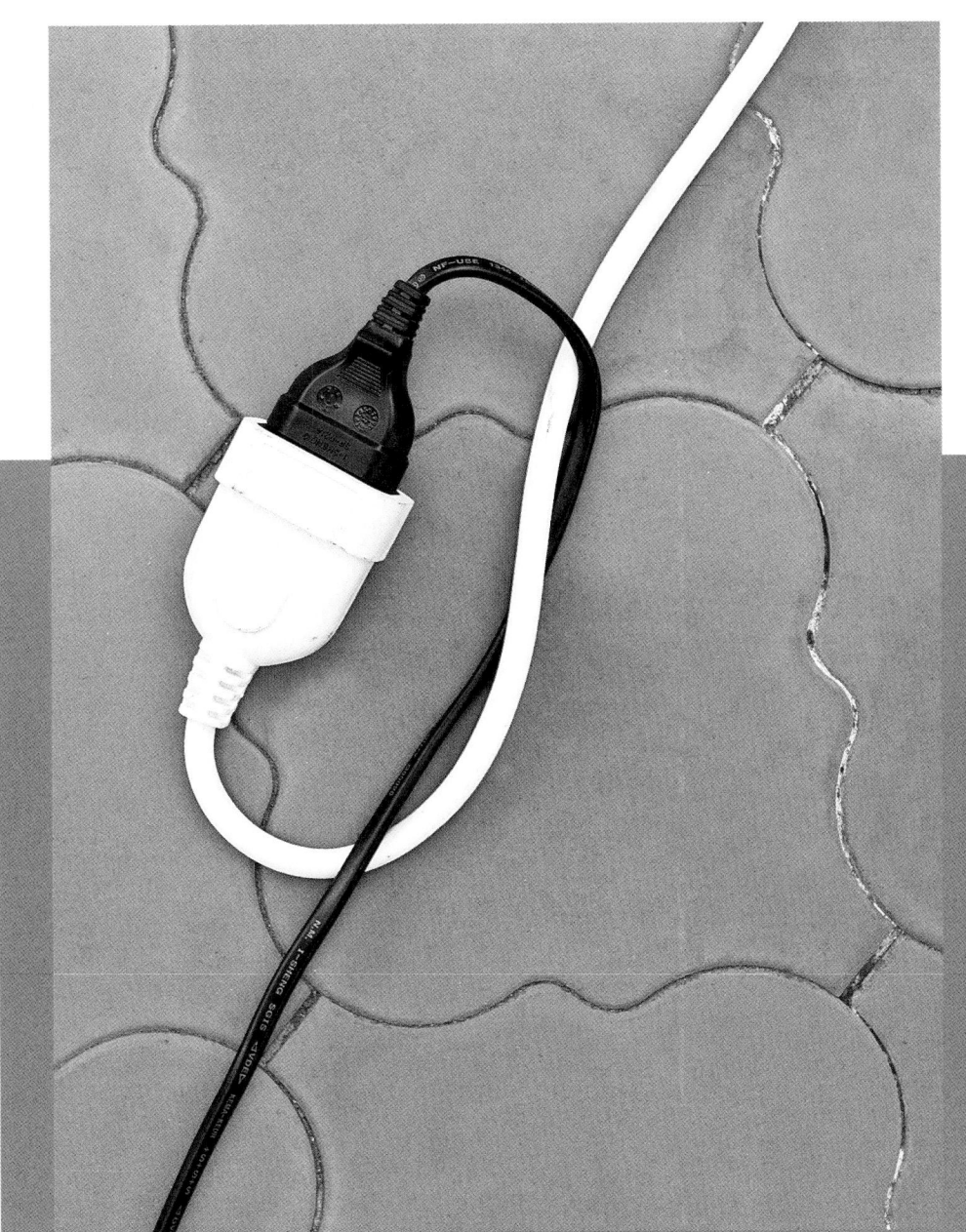

27

Für Romantiker mit Köpfchen

WIE ZÜNDET MAN AM BESTEN KERZEN AN, OHNE SICH DIE FINGER DABEI ZU VERBRENNEN?
MIT EINFACHEN SPAGHETTI!

Was ist romantischer als ein Abendessen bei Kerzenlicht? Je mehr Kerzen, desto stimmungsvoller – aber wie steckt man sie alle an, ohne sich die Finger an einem viel zu kurzen Streichholz zu verbrennen? Haben Sie es schon einmal mit einer Nudel versucht? Genauer gesagt, mit Spaghetti? Spaghetti sind nämlich leicht entflammbar, aufgrund ihrer Form entwickeln sie keine zu große Flamme und reichen dank ihrer Länge noch in die verschachteltste Laterne. Mit einem Spaghetti-Stängel können Sie aber auch sämtliche Kerzen am Weihnachtsbaum entzünden, ohne heiße Finger zu bekommen!

> **WISSENSWERT**
> Kerzen lassen sich in vielen Formen, Farben und Duftnoten ohne viel Aufwand aus einfachsten Zutaten selbst herstellen.

28

Auf der Suche nach der Nadel im Heuhaufen

WIE SAUGT MAN KLEINTEILE AUF, OHNE DASS SIE IM STAUBSAUGERBEUTEL VERSCHWINDEN?
MIT EINER STRUMPFMASKE ALS SCHUTZFILTER!

Brillenschräubchen, Ohrstecker, SIM-Karten – wenn Kleinteile vom Tisch fallen, beginnt die Suche nach der vielbeschworenen Nadel im Heuhaufen. Völlig verfahren wird die Situation, wenn sie noch dazu unter ein Möbelstück kullern. Dann ist guter Rat teuer... Ein Griff in die Kleiderkiste bringt hier die Lösung! Stülpen Sie einfach einen Nylonstrumpf über das Griffstück Ihres Staubsaugerschlauchs (oder über die dazugehörige Polsterdüse). So können Sie den Boden absaugen und das verschwundene Miniaturteil ansaugen, ohne dass es aufgesaugt wird und im Staubsaugerbeutel verschwindet. Mit diesem Kleinteilefilter vor der Öffnung lässt sich der Staubsaugerschlauch auch unter Schränken oder in Ecken führen, die sonst unerreichbar sind. Wer suchet, der findet!

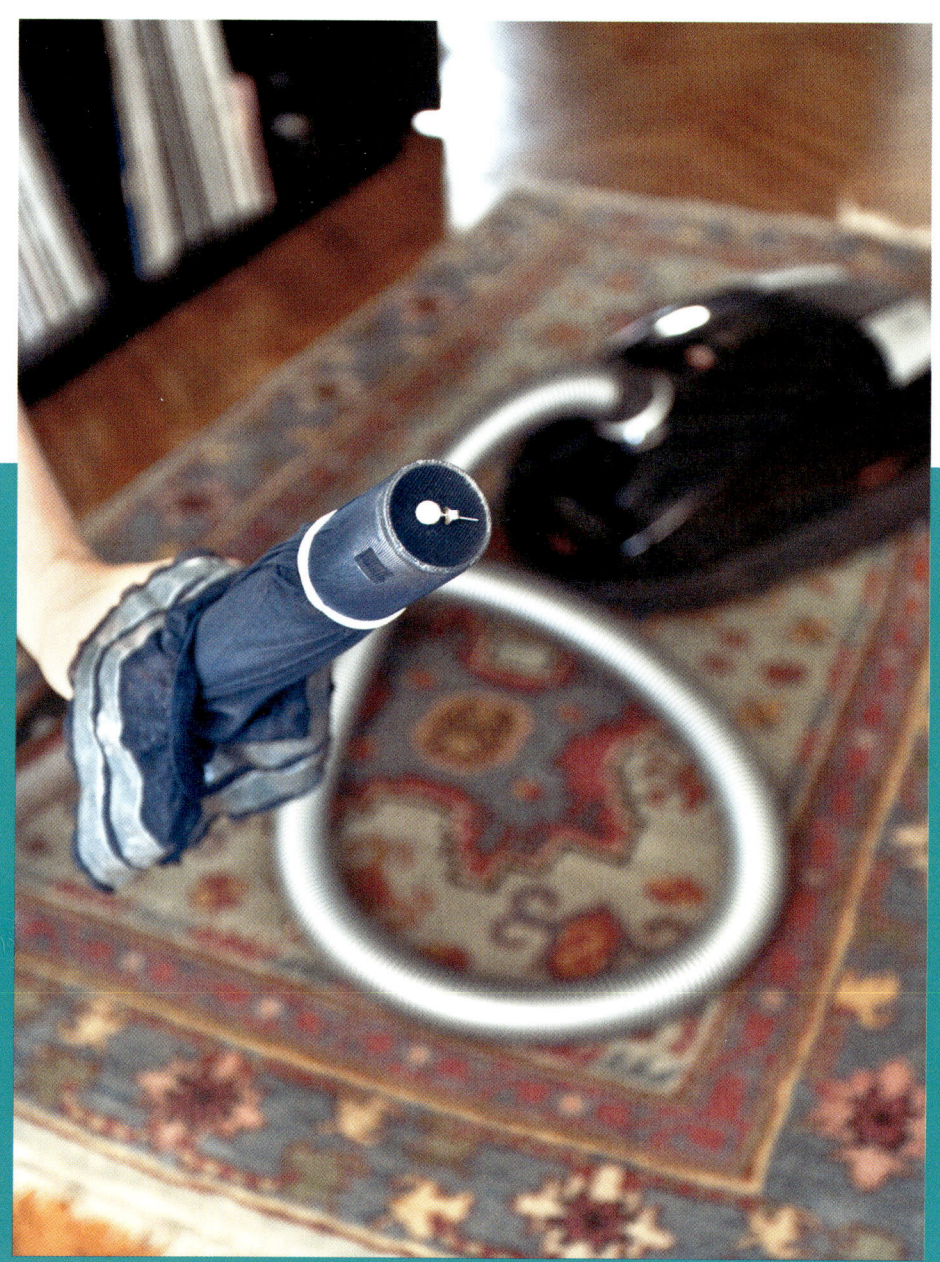

29

Hilfe aus dem Schminktäschchen

WIE VERHINDERT MAN, DASS EIN LOSER KNOPF ENDGÜLTIG ABREISST?
MIT DEN MITTELN EINER FRAU!

Wenn ein Knopf am seidenen Faden hängt, bleibt meist nur übrig, ihn abzureißen und in die Tasche zu stecken, damit er nicht verloren geht. Aber wer möchte schon derart „abgerissen" daherkommen? Denn so etwas passiert ja grundsätzlich, wenn Nadel und Faden gerade nicht zur Hand sind: im Restaurant, beim Shoppen oder unterwegs. Glücklicherweise gibt es für dieses Problem aber eine elegante Lösung. Halb lose Knöpfe lassen sich provisorisch fixieren, wenn man sie von oben mit etwas durchsichtigem Nagellack beträufelt, der wie ein leichter Klebstoff wirkt. Eine rein kosmetische Lösung, aber sie hilft! Angenäht wird dann zu Hause …

> **TIPP**
> Auf die gleiche Weise lassen sich auch Löcher und Laufmaschen in Damenstrümpfen fixieren, damit sie nicht weiter aufreißen.

30
Eiskalte Erfrischung an heißen Tagen

WIE BLEIBT DAS WASSER IN DER FLASCHE MÖGLICHST LANGE KALT?
FLASCHE ZUR HÄLFTE AUFFÜLLEN, HINLEGEN, EINFRIEREN!

Im Sommer, wenn es so richtig heiß wird, was gibt es da Erfrischenderes als einen Schluck eiskaltes Wasser? Fragt sich nur, wie das Wasser in der Flasche auch schön kalt bleibt – bei 30° im Schatten! Gewusst wie: Füllen Sie die Flasche bis zur Hälfte, drehen Sie sie gut zu und legen sie dann flach ins Eisfach. Wenn das Wasser gefroren ist, nehmen Sie die Flasche heraus und füllen sie mit dem Rest auf. Deckel drauf, rein in die Tasche, und es kann losgehen! Der gefrorene Teil des Wassers kühlt den flüssigen, und Sie haben immer einen eiskalten Schluck Erfrischung parat.

„ TIPP
Am besten, man legt die Flasche schon am Vortag ins Eisfach.

31

Küchenhelfer, fantasievoll eingesetzt

WIE LASSEN SICH PLASTIKVERPACKUNGEN IM HANDUMDREHEN ÖFFNEN?
DER DOSENÖFFNER BRINGT DIE LÖSUNG!

Immer dasselbe mit diesen hermetisch verschweißten, hartnäckig starren Plastikverpackungen: Man kriegt sie einfach nicht auf! Erst versucht man es von Hand, dann mit einem Brieföffner, schließlich greift man zur Schere, und wenn alles nichts hilft, muss das Brotmesser ran... Doch es gibt eine viel elegantere Lösung: Versuchen Sie es mit einem Dosenöffner. Einfach am Rand ansetzen, zudrücken, und im Handumdrehen ist die Verpackung offen, ohne den Inhalt zu ruinieren oder die Produktinformation (könnte nützlich sein!) zu zerschreddern. Noch ein Vorteil: Das Ganze hinterlässt eine sauberen Schnittkante, sodass sich die Verpackung auch wieder zumachen und als Behälter benutzen lässt. Probieren Sie es aus!

32

Erste Hilfe für Strandläufer

WIE ÜBERLISTET MAN DEN SCHWACHPUNKT VON FLIPFLOPS?
MIT UNTERSTÜTZUNG VON ETWAS PAPPE!

Flipflops sind der Inbegriff von Sommer, Sonne, Strand! Luft und Freiheit für die Füße rund um die Uhr! Es gibt sie in allen Farben und Mustern, von lustig-verspielt bis exotisch-elegant. Sie haben nur eine Schwachstelle: Nach einiger Zeit leiert an der Stelle, wo der Mittelriemen befestigt ist, die Sohle aus und der Riemen hängt lose zwischen den Zehen – schade um die hübschen Gummitreter... Aber wie heißt es so schön: Not macht erfinderisch! Nehmen Sie ein Stück stabile Pappe oder Kunststoff und schneiden es bis zur Mitte ein. Dann schieben Sie es zwischen Halteknopf und Sohle über den Riemen – und schon geht es weiter mit dem unbeschwerten Sommervergnügen für die Füße!

33

Für Leckermäuler, die es eilig haben

WIE LASSEN SICH ERDBEERSTIELE KINDERLEICHT ENTFERNEN?
MITHILFE EINES STROHHALMS!

Süß und rot und saftig und unglaublich lecker – kein Sommer ohne Erdbeeren! Der Leckerbissen von Mutter Natur ist bei Kindern und Erwachsenen gleichermaßen heiß begehrt. Dabei sind Erdbeeren sogar gesund und (wer hätte das gedacht) gut für die schlanke Linie, denn sie regen den Fettabbau an und wirken gegen Cellulitis. Und wussten Sie, dass Erdbeeren weiße Zähne machen? Die ideale Frucht für Jung und Alt also – wenn da nicht das lästige Entfernen der Stielchen wäre, bevor man sie genießen kann. Ausgefuchste Leckermäuler kennen ein Geheimrezept, mit dem sich diese lästige Arbeit fix erledigen lässt: einfach mit einem stabilen Strohhalm von unten den Stiel herausstechen. Gewusst wie!

> **TIPP**
> Die Reste im Strohhalm gleich heraussaugen und an Ort und Stelle vernaschen!

34

Für Eltern, die im Schlaf auf Nummer sicher gehen wollen

WIE VERHINDERT MAN, DASS KINDER AUS DEM BETTCHEN FALLEN?
MIT EINER SCHWIMMHILFE!

Wer Kinder hat, weiß: Der Übergang von der Wiege zum Kinderbett ist ein kritischer Moment. Vor allem für die Eltern, die in Sorge sind, dass ihr Kleines aus dem Bettchen kullern könnte. Ein Wall aus Kissen kann da helfen. Aber besser noch, man geht die Sache gründlich an und besorgt sich eine länglich-schlauchförmige Schwimmhilfe aus Schaumstoff, wie sie etwa bei der Wassergymnastik zum Einsatz kommt, und stopft sie mit etwas Abstand zum Rand zwischen Matratze und Betttuch – jetzt liegt der kleine Schläfer so sicher wie in Abrahams Schoß, und auch die Eltern können sich nun unbesorgt der Nachtruhe hingeben. Ungestörte Träume in allen Betten!

35

Mechanik für Fortgeschrittene

WIE ÖFFNET MAN EINE FEST VERSCHLOSSENE GLASKONSERVE?
UNTER AUSNUTZUNG DER HEBELKRÄFTE!

Glaskonserven sind eine gute Sache, man sieht gleich, was drin ist, und kann sie nach dem Öffnen auch wieder in den Kühlschrank stellen. Aber dazu muss man sie erst mal aufkriegen! Wenn alles Drehen, Flehen und Fluchen vergebens sind, und auch Bärenkräfte nichts ausrichten, versuchen Sie es einfach mit etwas Köpfchen – und einem Löffel! Das Glas mit der linken Hand gut festhalten und mit der Rechten einen Löffel mit der Oberkante (Wölbung nach unten) unter dem Deckelrand ansetzen. Dann am Stiel etwas Druck geben und den Deckel leicht anlupfen. So strömt Luft in das Innere, und das Vakuum, das den Inhalt frisch und den Deckel mittels Unterdruck geschlossen hält, verfliegt. Ein leises Zischen aus dem Glas ist das sichere Signal zum Aufdrehen und Auslöffeln!

36

Scherenschleifen ohne Scherenschleifer

WIE WIRD EINE STUMPFE SCHERE WIEDER SCHARF, OHNE DASS EIN FACHMANN RAN MUSS?
MIT EIN WENIG ALUFOLIE!

Was nützt die schönste Schere, wenn sie nicht mehr schneidet? Also ab mit dem stumpfen Ding zum nächsten Scherenschleifer – aber wo gibt es die heutzutage noch? Da bleibt nichts anderes übrig, als die Sache selbst in die Hand zu nehmen und zur Alufolie zu greifen! Richtig gelesen: Alufolie! Einfach ein paar Schnitte mit der stumpfen Schere in das silbrige Stanniol, und schon schneidet es sich wieder messerscharf. Funktioniert auch mit Nagelscheren, Kneifzangen und dergleichen Schneidwerkzeug mit Doppelklinge. Wie im Spiel aus Kindertagen: Schnick-Schnack-Schnuck, Schere wieder scharf!

❝ **TIPP**
Noch besser als Aluminiumfolie eignet sich Sandpapier, dort übernimmt die Körnung das Schleifen!

# 37

Streichen, nicht klecksen

WIE VERMEIDET MAN BEIM ANSTREICHEN FLECKEN UND KLECKSE?
MIT EINEM BREITEREN GUMMIBAND!

Manch einer schwingt lieber selber den Pinsel, als den Maler kommen zu lassen. Und so sieht es dann manchmal auch aus: Flecken und Farbkleckse auf Wand und Boden, Möbeln und Kleidung. Moderne Kunst? Geschmackssache … Wer die Kleckserei lieber vermeiden will, spannt ein kräftiges Gummiband in der Mitte über den Farbtopf. Daran lassen sich dann große und kleine Pinsel mühelos abstreifen, und die Farbe tropft in den Topf statt außen daran herunterzulaufen oder auf den Boden zu tropfen und Flecken zu machen. Außerdem spart man so Farbe. Eine patente Lösung für alle, die ihrer Kreativität, aber nicht dem Fleckenteufel freien Lauf lassen wollen …

❝ TIPP
Einmachgummis eignen sich besonders gut!

38

Sauber bis in die kleinste Ritze

WIE KOMMT MAN MIT DEM STAUBSAUGER BIS IN DEN HINTERSTEN WINKEL?
MIT EINER KLOPAPIER- ODER KÜCHENTUCHROLLE!

Wenn Großreinemachen angesagt ist, stehen alle – Hausfrau, Hausmann oder Putzprofi – vor demselben Problem: Wie kommt man beim Saugen in die kleinen Ecken, Ritzen und Winkel, in denen sich so gerne der hartnäckigste Schmutz ansammelt, z. B. an Fensterrahmen, Heizkörpern und in Fugen aller Art? Dabei gibt es eine ebenso einfache wie zweckdienliche Lösung: Stülpen Sie eine leere Klopapier- oder Küchentuchrolle über die Handdüse Ihres Staubsaugers. Der Vorteil gegenüber herkömmlichen Fugendüsen besteht darin, dass sich das Pappmundstück je nach Form und Größe der Fuge verformen lässt. Mit dieser passgenauen Lösung kann Ihnen kein Schmutz mehr Widerstand leisten, egal in welchen Winkel er sich verkrümelt hat.

39

Farbenfrohe Gedächtnisstütze

WIE LASSEN SICH SCHLÜSSEL IM BUND BESSER AUSSEINANDERHALTEN?
INDEM JEDER SEINE EIGENE FARBE BEKOMMT!

Seien wir ehrlich: Wer kann schon die vielen Schlüssel am Schlüsselbund nur an der Form von Griff und Bart voneinander unterscheiden? Dabei gibt es eine einfache Lösung, dazu noch kreativ und farbenfroh! Den Schlüsselgriff reinigen, mit farbigem Nagellack bestreichen, trocknen lassen – fertig. Für jeden Schlüssel eine eigene Farbe, und den Farbcode bestimmen Sie selbst! So können Sie vielleicht noch einen alten Nagellack aufbrauchen. Sollte dieser mit der Zeit eingetrocknet sein, einfach etwas Nagellackentferner dazugeben und gut schütteln! Der Lack wird davon zwar etwas matter, bekommt aber wieder Volumen. Das ist Recycling von seiner kreativen Seite!

> **TIPP**
> Sollte die Lackierung mit der Zeit Kratzer bekommen, einfach eine neue Lackschicht auftragen!

40

Wenn der Strohhalm in den Himmel wächst

WIE HINDERT MAN EINEN STROHHALM DARAN, AUS DER DOSE ZU STEIGEN? MAN STECKT IHN DURCH DIE LASCHE!

Warum steigt der Strohhalm aus der Dose oder aus dem Glas? Das hat mit Physik zu tun, genauer gesagt mit den Kohlensäurebläschen, die sich am Halm anlagern, sodass dieser unfreiwillig „Oberwasser" bekommt. Lästig! Aber da lässt sich was machen, denn genau zu diesem Zweck hat die Lasche einer Getränkedose ein kreisrundes Loch. Dreht man die Lasche nach dem Öffnen über die Trinköffnung, lässt sich der Strohhalm hindurchstecken, wird so von der Lasche in Position gehalten und kommt garantiert nicht mehr in Schieflage. Jetzt können Sie sich ganz dem erfrischenden Trinkgenuss widmen! Nuckeln ausdrücklich erlaubt!

❝ TIPP
Noch effektiver kann es sein, den Trinkhalm zwischen der Lasche und dem Öffnungsrand einzuklemmen.

41 **Flusenfrei trotz Haarausfall**

WIE LASSEN SICH HAARE UND FLUSEN AM BESTEN VOM TEPPICH KEHREN?
MIT EINEM ABZIEHER AUS GUMMI!

Teppiche und Teppichböden geben dem Zuhause eine wohnliche Note. Wenn da nur nicht das Flusenproblem wäre: Alles bleibt am Teppich hängen, je flauschiger, desto schlimmer. Ganz zu schweigen von Haaren – Hunde- und Katzenbesitzer wissen, wovon wir sprechen, vor allem Allergiker können ein Lied von den Folgen singen. Die einfachste und schnellste Variante, einen Teppich von Flusen und Haaren zu befreien, bietet ein Gummiabzieher, wie er zum Fensterputzen verwendet wird. Wie von Zauberhand bekommt man damit alle Haare vom Teppich, und er sieht aus wie neu!

> **TIPP**
> Nach demselben Prinzip lassen sich so auch Flusen und Haare von einer Jacke entfernen. Ziehen Sie einen sauberen Spülhandschuh aus Gummi über und reiben Sie das Kleidungsstück damit ab. Die Wirkung ist verblüffend!

42

Einkaufen wie die Bergsteiger

WIE HÄLT MAN EIN GANZES BÜNDEL TÜTEN IN NUR EINER HAND? MIT EINEM KARABINERHAKEN!

Beim Einkaufen kommt schnell eins zum anderen: eine Tüte hier, ein Beutel da, eine Tasche beim nächsten Laden. Für Brot und Gemüse, für Bücher oder Schuhe, aus Papier, aus Stoff oder Plastik. Und dazu das übliche „Marschgepäck": kleiner Rucksack, Handtasche, was auch immer... Wie soll man solch ein üppiges Tütenbündel nur in einer Hand tragen? Und dabei auch noch den Überblick behalten? Machen Sie es wie die Bergsteiger: Benutzen Sie einen Karabinerhaken! Gibt es im Eisenwarenhandel oder Outdoorbedarf: leicht und aus Aluminium, dabei groß genug, um ihn bequem in der Hand zu halten und alle seine Einkaufstüten, -taschen und -beutel sicher darin einzuhängen. So kann nichts verloren gehen, und Sie haben trotzdem die zweite Hand frei!

43

Für alle, die nicht gern im Dunkeln tappen

WIE LÄSST SICH AUS EINEM SMARTPHONE EIN NOTLICHT BAUEN?
MIT EINER VOLLEN WASSERFLASCHE!

Stromausfall, das Licht geht aus – aber nicht jeder hat im Fall des Falles eine Kerze griffbereit. Deshalb müssen Sie dennoch nicht im Dunkeln tappen! Denn fast jeder hat heute ein Smartphone, ein Handy oder sonst ein elektronisches Gerät mit beleuchteter Bildschirmanzeige. Stellt man eine mit Wasser gefüllte Plastikflasche (gut verschlossen und von außen trocken) als Leuchtkörper auf das angeschaltete, nach oben leuchtende Gerät, bricht sich das Licht im Wasser und strahlt in alle Richtungen. Ein prima Notlicht, das so lange leuchtet, wie der Akku es mitmacht…

> **WISSENSWERT**
> Entdeckt hat das einleuchtende Prinzip der brasilianische Mechaniker Alfredo Moser. Seine Erfindung bringt Sonnenlicht in dunkle Hütten und braucht keinen Strom.

44

Bildaufhängen leicht gemacht

WIE MARKIERT MAN DIE RICHTIGE STELLE FÜR DEN NAGEL IN DER WAND?
MIT KLEBEBAND!

Mit dem Bilderaufhängen ist das so eine Sache. Oft schlägt man mehr als einen Nagel vergebens in die Wand, um die richtige Position zu finden. Zumindest um den richtigen Abstand für die Nägel zu finden, gibt es einen Trick: einfach ein Klebeband zwischen die Aufhängeösen auf der Rückseite des Rahmens kleben und passend genau abschneiden. Dann das Band auf die Wand heften und an den beiden Enden einen Nagel einschlagen. So erspart man sich das Messen und sieht auch gleich, ob alles gerade ist (zur Not hilft eine Wasserwaage). Dann kann nachher niemand kommen und sagen: „Das Bild hängt schief…"

> **WISSENSWERT**
> Tapezierband oder ablösbares Klebeband aus Papier schonen die Wandoberfläche.

45

Für Freunde verwickelter Probleme

WIE LÄSST SICH EINE FEST VERZURRTE TÜTE AUFKNOTEN?
MIT ETWAS GEDULD UND FINGERSPITZENGEFÜHL!

Eine knifflige Sache: Wer einmal versucht hat, die viel zu straff verknoteten Henkel einer Plastiktüte aufzuknoten, kennt das Problem. Erst bricht man sich fast die Fingernägel ab, um dann schließlich doch zur Schere zu greifen – und die Tüte ist hin. Das muss nicht sein! Versuchen Sie es mit etwas Geduld und einem einfachen Trick: Man rollt das lose Ende so lange zusammen, bis ein fester Stab daraus wird. Diesen dann in die Mitte des Knotens schieben, bis dieser – wie aufgeschnürt von Zauberhand – nachgibt und sich öffnet. So lässt sich die Tüte weiterverwenden.

TIPP
Bei verknoteten Schnüren, die sich festgezogen haben, hilft Befeuchten. Die Fasern dehnen sich und der Knoten lockert sich.

46 — Die Quadratur des Kreises

WIE BELEGT MAN EINE SCHEIBE TOAST, OHNE PLATZ ZU VERSCHWENDEN? MIT KÖPFCHEN!

Ein Sandwich ist eine prima Sache, herzhaft im Geschmack, und man kann es überall dabeihaben, als Snack für zwischendurch oder auch als ganze Mahlzeit. Und mit etwas Fantasie und guten Zutaten wird aus einem Butterbrot ein kulinarischer Genuss! Wichtig ist dabei, die Brotscheibe möglichst vollständig zu belegen und keinen Platz zu verschwenden. Doch was tun, wenn das Brot rechteckig und der Belag rund ist – Toast und Salami z. B.? Hier kommt die Lösung: Nehmen Sie zwei Scheiben Aufschnitt, und schneiden Sie sie in der Mitte durch. Dann belegen Sie das Brot mit den vier Hälften, und zwar so, dass die gerade Seite nach außen zeigt und die runde nach innen. Passt wie angegossen!

47

Fleckenloser Glanz für schöne Nägel

WIE LACKIERT MAN SICH DIE FINGERNÄGEL, OHNE FLECKEN ZU MACHEN?
MITHILFE EINER HAARKLAMMER!

Perfekt lackierte Fingernägel, ohne ständig zur Maniküre gehen zu müssen, geht das? Klar geht das! Man muss nur einige Regeln beachten und ein paar Tricks kennen. Zum Beispiel zunächst die Finger eine Zeit lang in warmem Wasser baden, damit die Nagelhaut aufweicht und sich anschließend leichter zurückschieben lässt. Dann die Nägel feilen und zuerst Transparentlack als Grundierung auftragen. Nach dem Trocknen folgt dann der farbige Lack Ihrer Wahl. Neigt sich der Inhalt des Fläschchens dem Ende zu, klemmen Sie die Nagellackflasche in einer Haarklammer fest und stellen die Klammer so auf den Tisch, dass das Fläschchen schräg nach vorn zeigt. So können Sie auch noch den letzten Tropfen Glanz für Ihre Fingernägel herausholen, ohne Gefahr zu laufen, dass es lästige Flecken gibt!

48

Strom kommt nicht nur aus der Steckdose

WO KANN MAN EIN SMARTPHONE OHNE LADEGERÄT AUFLADEN? AM USB-PORT VOM FERNSEHER!

Smartphones mit 3G-Technologie sind echte Tausendsassa! Man kann mit ihnen E-Mails lesen, fotografieren, Videos anschauen, im Netz surfen, sich durch das Dickicht des Verkehrs lotsen lassen und, ach ja: sogar telefonieren. Doch je mehr sie können und je schneller sie es können, desto schneller sind sie auch mit der Energie am Ende. Und nicht jeder hat überall das passende Ladegerät dabei. Muss man auch nicht! Ein USB-Kabel, mit dem sich das Smartphone am Fernseher oder an irgendeinem anderen Gerät mit Verbindung zum Stromnetz anschließen lässt, reicht völlig aus. Kaum eingestöpselt, tankt Ihr Smartphone schon fleißig neue Energie!

" TIPP
Auf Reisen kann z. B. der Fernseher im Hotel als Energiequelle dienen.

49

Machen Sie sich einen schlanken Fuß

WIE KANN MAN ENGE SCHUHE SELBST WEITEN? MITHILFE EINES FÖNS!

Die umwerfenden Roten mit dem hohen Absatz, die feschen Ballerinas, die Klassischen fürs Büro, die Stiefel mit dem tollen Leder für den Abend – Schuhekaufen ist eine echte Leidenschaft, vor allem (aber nicht nur) von Frauen! Doch manchmal ist diese Leidenschaft mit Schmerzen verbunden, wenn nämlich die Größe nicht stimmt und Druckstellen das Laufen zur Qual machen. Da hilft nur Weiten! Zunächst dicke Socken aus Wolle oder Frottee anziehen und sich in die engen Dinger zwängen. Dann den Fön auf höchste Stufe stellen und ein paar Minuten draufhalten, bis die Weite stimmt. Die warme Luft macht das Leder geschmeidig, und die Socken sorgen für die nötige Zulage. Was nicht passt, wird passend gemacht, so einfach ist das!

> **TIPP**
> Lederschuhe vorher gut mit Schuhcreme einfetten!

50

Kochen aus dem Bilderbuch

WIE LASSEN SICH AUCH IN EINER KLEINEN KÜCHE GROSSE GERICHTE ZAUBERN?
MITHILFE EINES HOSENBÜGELS!

Beim Kochen ist nie genug Platz, vor allem, wenn man das Rezept noch nicht kennt und das Kochbuch im Auge behalten muss. Kochbuchständer sind schön, aber sie nehmen noch mehr Platz weg – und den braucht man ja für Töpfe und Pfannen, Messer und Löffel, Schneidbrett und Gewürzdose. Hilfe verspricht hier ein stabiler Bügel für Röcke oder Hosen mit festen Klammern an beiden Seiten. Hierin können Sie das Kochbuch einspannen und an einer Schranktür, einem Haken oder einer Stange aufhängen. So bleibt das gute Stück immer auf Augenhöhe und nimmt auf dem Arbeitsfeld keinen Platz weg. Außerdem „schwebt" es über der Saucen- und Fettspritzerzone und bleibt schön sauber.

„ TIPP
Nicht nur für die Küche sinnvoll!

51

Für glänzend sprudelnde Wasserhähne

WIE ENTKALKT MAN EINEN WASSERHAHN, OHNE IHN ABZUSCHRAUBEN?
MAN STECKT IHN IN EINE PLASTIKTÜTE!

Wenn der Duschkopf mehr spuckt als sprüht und das Wasser nur noch tröpfchenweise aus dem Hahn rinnt, ist Verkalkung meist die Ursache. Sie kommt von selbst – aber wie wird man sie wieder los, ohne Perlator oder Duschkopf umständlich abschrauben zu müssen? Nehmen Sie eine Frischhaltetüte aus Plastik, füllen Sie sie mit Entkalkerflüssigkeit, stülpen Sie sie über den Hahn, bis der Perlator ganz eingetaucht ist, und befestigen Sie die Tüte mit einem Gummiband. Dann einige Zeit einwirken lassen; anschließend abnehmen und abspülen, fertig! Wer lieber auf Chemie verzichtet, kann eine Lösung aus Wasser und Essig oder Zitronensaft verwenden.

 **TIPP**
Reiben Sie einmal mit einer Zitronenscheibe über eine stumpf gewordene Armatur, Sie werden sich wundern, wie es nachher wieder glänzt – und alles ganz natürlich!

52

Genuss in allen Lebenslagen

WIE ÖFFNET MAN EINE WEINFLASCHE OHNE KORKENZIEHER?
MIT GABEL UND SCHRAUBE!

„Im Wein liegt Wahrheit", heißt es. Aber manchmal wird die Wahrheitsfindung erschwert, weil kein Korkenzieher zur Hand ist. Doch wo ein Wille ist, ist auch ein Weg! Wer auf den spontanen Weingenuss nicht verzichten will, findet alles Nötige in Besteckkasten und Werkzeugkiste: Drehen Sie eine passend lange Schraube bis über die Hälfte in den Korken und schieben den Kopf zwischen die Zinken einer stabilen Gabel. Dann den Korken mit der Gabel aus dem Hals ziehen – und einem guten Tropfen in gemütlicher Runde steht nichts mehr im Wege. Hoch die Gläser, es lebe die Fantasie!

> **TIPP**
> Mit Kraft, aber nicht mit Gewalt zuwege gehen, damit der Korken nicht bricht. Die Flasche dabei gut festhalten!

53

Eine anziehende Lösung

WIE VERHINDERT MAN, DASS HAARNADELN IN DER SCHUBLADE VERLOREN GEHEN?
MIT EINEM MAGNETEN!

Ohne Haarnadeln geht es nicht: Sie halten eigenwillige Haarsträhnen im Zaum, und zum Hochstecken sind sie ohnehin unentbehrlich – nur leider meist unauffindbar, wenn man sie braucht. Stattdessen liegen sie wild verstreut im Beautycase herum oder verkriechen sich in der hintersten Ecke der Schublade. Wer klug ist, macht sich die physikalischen Eigenschaften der ach so flüchtigen kleinen Haarbändiger zunutze, denn da sie meist aus Metall sind, unterliegen sie der Anziehungskraft des Magnetismus! Also einfach einen Magnetstreifen auf die Innenseite der Schublade kleben und die Nadeln daranheften, dann hat die ewige Sucherei ein Ende. Spart nicht nur Material, sondern auch Zeit und Nerven!

> **TIPP**
> Hält auch Büroklammern in der Schreibtischschublade an Ort und Stelle.

54

Für Modebewusste, die sich selbst zu helfen wissen

WIE ZIEHE ICH MIR GANZ ALLEIN DEN REISSVERSCHLUSS IM RÜCKEN HOCH?
MIT SICHERHEITSNADEL, FADEN UND ETWAS FANTASIE!

Genau der richtige Abend für das elegante Kleid, das Ihnen so gut steht – und dann ist niemand da, der den Reißverschluss im Rücken hochziehen hilft... Was tun? Man nehme eine ausreichend lange Schnur, befestige eine Sicherheitsnadel an ihrem Ende, führe die Nadel durch die Öse des Reißverschlusses, lege sich die Schnur über die Schulter, halte unten mit einer Hand den Reißverschluss und ziehe mit der anderen den Reiter hoch – Sie werden sehen: Läuft wie am Schnürchen! Der Trick funktioniert auch mit einer Schmuckkette und einer Büroklammer an Stelle von Schnur und Sicherheitsnadel. Auch ein Band, das man direkt durch die Öse fädelt, kann helfen. Hauptsache ist, eine Frau weiß sich zu helfen!

55

Für das heimische Privatmuseum

WIE HÄNGT MAN ETWAS OHNE HAKEN AN DIE WAND? MIT DER LASCHE EINER GETRÄNKEDOSE!

Viele Dinge sind eigentlich so schön oder so voller Erinnerungen, dass man sie am liebsten zu Hause an die Wand hängen möchte: Souvenirs von früher, Mitbringsel aus Wald und Flur oder die hübschen Basteleien der Kids. Aber wie bekommt man sie an die Wand, wenn sie keinen Haken haben, an dem man sie aufhängen kann? Pfiffiges Recycling bringt auch hier die Lösung! Wie gemacht zu diesem Zweck sind nämlich die Laschen von Getränkedosen. Sie lassen sich durch beharrliches Hin- und Herbiegen sauber abbrechen und können dann mit einem Nägelchen oder Schräubchen durch die kleinere Öse am Objekt befestigt werden. Mit der größeren hängt man das Schmuckstück dann an die Wand.

> **WISSENSWERT**
> Getränkedosen aus Aluminium sind weltweit die meistrecycelte Verpackung.

56

Für knifflige Verschlüsse mit Haken und Ösen

WIE SCHLIESST MAN EIN ARMBAND MIT EINER HAND?
MITHILFE VON BÜROKLAMMER UND KLEBEBAND!

Sie wollen ein Armband anlegen, aber Ihre bessere Hälfte ist nicht da, um den Verschluss zu schließen? Misslich – aber machbar! Die einfachste Lösung ist, Sie versuchen es mit einem Klebeband oder einem Pflaster, das Sie über das Ende mit der Öse kleben, um es am Arm festzukleben. Danach können Sie das andere Ende um das Handgelenk legen und einhaken. Eine andere Methode besteht darin, eine Büroklammer zu einem langen Haken aufzubiegen, der sich, durch die Öse gezogen, mit den Fingern am Handballen festhalten lässt. So haben Sie die andere Hand frei, um den Haken einzurasten, denn die Öse kann nicht wegrutschen. Gewusst wie!

57

Hörvergnügen ohne Aussetzer

WIE WIRD EINE ZERKRATZTE CD WIEDER ABSPIELBAR?
MIT EIN WENIG ZAHNPASTA!

Da ist sie ja, die CD mit den Sommerhits von damals, die Sie so lange gesucht haben! Sehr schön – nur leider total zerkratzt, sodass der CD-Spieler aussetzt, kaum hat man auf Play gedrückt. Also doch in den Müll mit dem wertlosen Silberling, oder? Von wegen! Besser, Sie versuchen es zuerst mit etwas Zahnpasta. Richtig gelesen: Zahnpasta, das weiße Zeug für die Beißerchen. Pflegt auch Ihre Musikmedien. Dazu die weiße Masse gleichmäßig auftragen und abwischen, sodass nur die Kratzer mit der weißen Masse gefüllt bleiben. Einmal getrocknet, sollte sich die Scheibe wieder zum Klingen bringen lassen. Einen Versuch ist es wert!

> **TIPP**
> Keine Zahnpasta mit Mikrogranulat verwenden, das würde die Oberfläche noch mehr verkratzen.

58

Für lupenreines Scheinwerferlicht

WIE LASSEN SICH AUTOSCHEINWERFER WIEDER AUFPOLIEREN? MIT ZAHNPASTA UND ZAHNBÜRSTE!

Die Zeiten, in denen man jeden Samstag in der Garageneinfahrt sein Auto wienerte, sind nahezu vorbei. Heute fahren die meisten lieber in die Waschanlage. Wer seinen fahrenden Untersatz immer noch selbst pflegt, weiß, wie schwierig, aber auch wie wichtig es ist, die Frontscheinwerfer sauber zu bekommen. Oft sind sie mit einer dicken Schicht Schmutz verklebt und darunter ganz verkratzt. Gönnen Sie ihnen deshalb von Zeit zu Zeit dieselbe gründliche Reinigung, die Ihre Zähne mindestens zweimal täglich erhalten! Dazu die Glasfläche mit Wasser besprühen, gleichmäßig mit Zahnpasta einstreichen und dann mit einer alten Zahnbürste darüberbürsten. Danach abspülen und den Vorgang – falls nötig, mehrfach – wiederholen, bis alle Flecken und Kratzer verschwunden sind. Dem großen Leuchten steht nun nichts mehr im Wege!

59 Klare Kante in der Küche

WIE SCHNEIDET MAN EINE WEICHE MASSE SAUBER AB? MAN GREIFT ZUM NYLONFADEN!

Wer einmal versucht hat, einen frischen Schafskäse oder cremige Tortenstücke mit dem Messer sauber in Scheiben oder Stücke zu schneiden, kennt das Problem: So unverzichtbar scharfe Klingen in der Küche sind – vor weicher Masse müssen sie die Waffen strecken. Die Scheiben pappen zusammen, verformen sich und bleiben an der Klinge kleben. Hier heißt es, umdenken und zu ungewohnten Mitteln greifen. Spannen Sie ein sauberes Stück Nylonfaden oder Zahnseide ohne Geschmack mit den Händen über dem Schneidgut auf und ziehen es mit den Daumen bis zur Unterlage durch. Mühelos und appetitlich sauber geschnittene Portionen sind das Ergebnis!

> **TIPP**
> Je dünner der Faden, desto sauberer der Schnitt.

60

Coole Lösung für heiße Tage

WIE KANN MAN KÜHLPADS SELBER MACHEN?
MAN LEGT EINEN SPÜLSCHWAMM AUF EIS!

Sommer, Sonne, Picknickwetter. Und wieder sind keine Kälteakkus da, um die Getränke kühl und frisch zu halten – schade! Jetzt heißt es, einen kühlen Kopf bewahren und improvisieren! Man nehme ein paar unbenutzte Spülschwämme, tauche sie in Wasser, bis sie sich vollgesogen haben, und stecke sie in wasserdicht verschließbare Plastiktütchen. Dann ins Eisfach legen, bis das Wasser in den Poren des Schwamms gefroren ist, und fertig ist das Do-It-Yourself-Kühlaggregat! Der Vorteil: Auch wenn das Eis schmilzt, bleibt es im Schwamm und verursacht keine Überschwemmung in Kühltasche und Picknickkorb. Jetzt aber raus in die Sonne!

TIPP
Leere Wasserflaschen aus Plastik halb voll mit Wasser füllen und einfrieren.

61

Lässt alte Wollsachen wieder wie neu aussehen

WIE ENTFERNT MAN DIE WOLLFLUSEN VON EINEM PULLOVER?
MIT EINEM EINWEGRASIERER!

Fast jeder hat ihn im Schrank: den schönen Wollpullover, den man nicht mehr anzieht, weil er ganz verfilzt und verflust ist. Eigentlich schade drum, aber wie kriegt man die unschönen Kügelchen, die sich mit der Zeit an der Oberfläche vieler Wollsachen bilden, an den Stellen, wo sie aneinanderreiben (unter den Achseln, an den Armen usw.), wieder weg? Waschen hilft da nicht, im Gegenteil. Aber ein gebrauchter Einwegrasierer kann helfen! Das Kleidungsstück sauber ausbreiten, z. B. auf dem Bügelbrett, und die Filzkügelchen abrasieren wie lästige Härchen. Erfordert etwas Geduld und Sorgfalt, aber am Ende bekommt man ein vorzeigbares Ergebnis und bewahrt ein liebgewordenes Stück noch einmal vor dem Altkleidersack!

62

Allzeit bereit für ein kühles Getränk

WIE LÄSST SICH EINE GETRÄNKEFLASCHE IN KÜRZESTER ZEIT HERUNTERKÜHLEN?
EINGEWICKELT IN NASSE KÜCHENTÜCHER!

Unverhofft kommt oft: liebe Nachbarn oder gute Freunde, die unangemeldet auf ein Getränk vorbeischauen. Gerade nichts im Kühlschrank? Macht nichts! Wickeln Sie einfach die Flasche oder Getränkedose, die Sie anschließend gemeinsam leeren wollen, in ein oder mehrere feuchte Küchentücher (erst gut nass machen, dann leicht auswringen) und legen Sie sie dann für ein Viertelstündchen ins Eisfach. Der Kühlprozess wird dadurch entscheidend beschleunigt, und im Nu können Sie gekühlte Getränke auf den Tisch bringen. Zum Wohl!

„ WISSENSWERT
Auf diese Weise lässt sich die Temperatur in kürzester Zeit um bis zu 10 °C senken.

63

Vorbeugen ist besser als Saubermachen

WIE LASSEN SICH SPRITZER BEIM QUIRLEN VERMEIDEN? MIT EINEM PAPPTELLER!

Kuchenbacken macht Spaß! Mehl, Zucker, eine Prise Salz, jetzt die Eier in die Schüssel, und dann kann es losgehen mit dem Quirlen. Aber halt – wie vermeidet man, dass es dabei munter durch die Gegend spritzt? Vielleicht ist vom letzten Picknick noch ein Pappteller in der passenden Größe da, der sich als Spritzschutz umfunktionieren lässt. Ist gar nicht schwer: einfach in der Mitte des Tellers in Breite der Einstecklöcher einen Schlitz hineinschneiden und die Quirle mit dem oberen Ende durch den Schlitz in den Mixer stecken, und schon kann's losgehen: Die Spritzgefahr ist gebannt. Ansonsten gilt die Regel: Wer backt, muss anschließend auch saubermachen – und bekommt dafür das größte Stück vom Kuchen!

64
Wenn's ans Eingemachte geht

WIE ÖFFNET MAN EINE GLASKONSERVE MIT VAKUUMVERSCHLUSS?
MIT EINEM GUMMIHANDSCHUH!

Um manche Glaskonserven aufzuschrauben, braucht man Hände wie Schraubstöcke, so fest sind sie verschlossen. Wer empfindlichere Hände und keine Bärenkräfte hat, muss dennoch nicht die Waffen strecken. Es gibt verschiedene Tipps und Tricks, um das Vakuum im Einmachglas zu überlisten. Eine Methode besteht darin, die Reibungskräfte zu erhöhen. Gummihandschuhe z. B. sind ein wirksames Mittel, um den Metalldeckel besser in den Griff zu bekommen. Alternativ lässt sich auch ein breites Gummiband um den Deckelrand spannen, auch so wird die Angriffsfläche weniger glitschig, und man muss weniger Kraft aufwenden. Sie werden sehen, so geht es im Handumdrehen!

> **HINWEIS**
> Lesen Sie hierzu auch unseren Tipp Nr. 35.

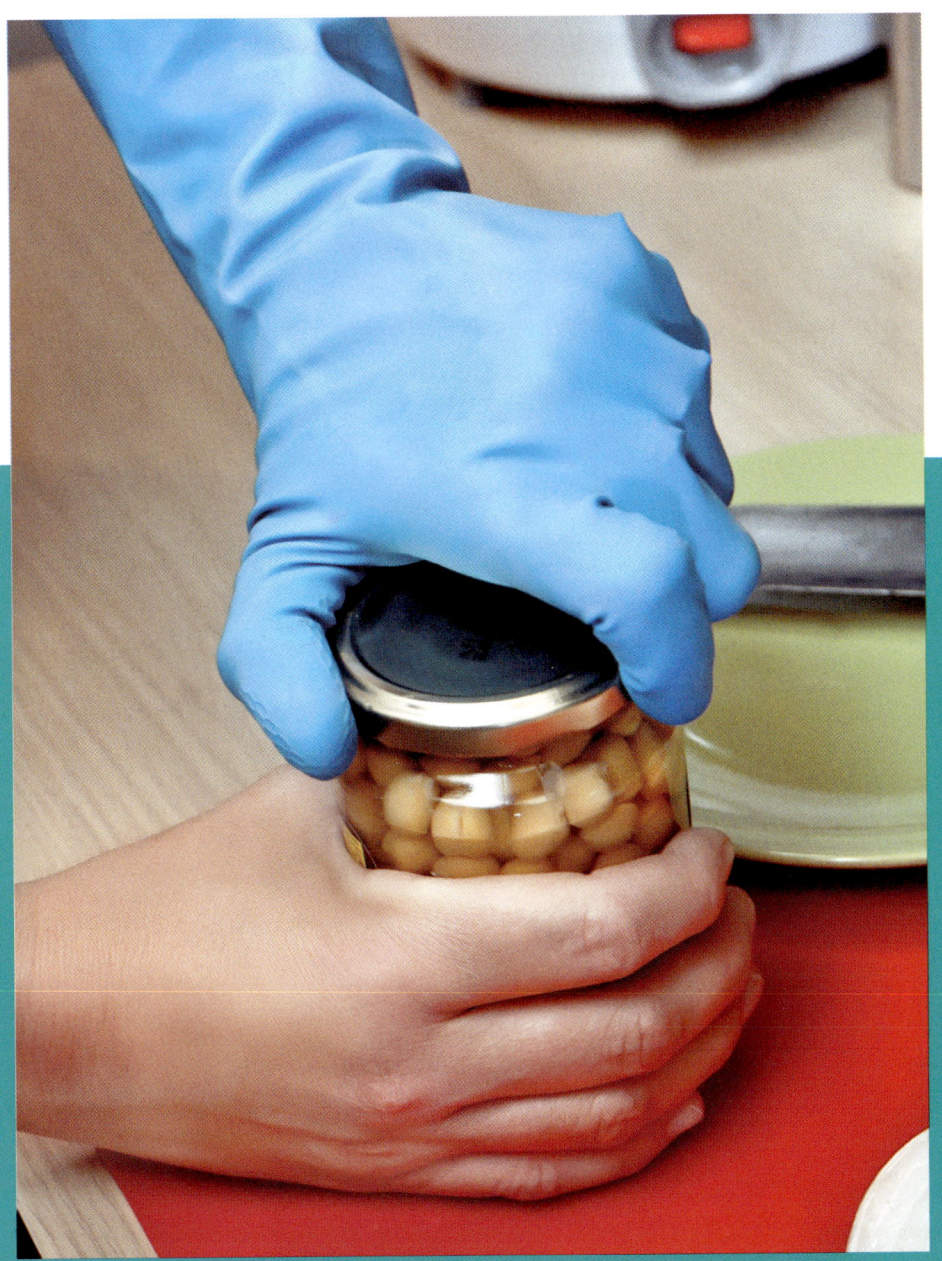

65

Blitzeis für Anfänger

WIE LÄSST SICH IN WENIGER ALS EINER STUNDE EIN EIS HERSTELLEN?
AUS EINER REIFEN BANANE!

Was tun, wenn der Heißhunger auf ein Eis uns überfällt, aber die nächste Eisdiele weit, kein Eiswagen in Sicht und das eigene Eisfach leer ist? Keine Panik, für alles gibt es eine Lösung: Man nehme eine reife Banane pro Kopf, schäle sie und lege sie ins Gefrierfach. Nach ungefähr 30 Minuten herausnehmen, in Scheiben schneiden, die Scheiben in den Mixer stecken und passieren: Fertig ist ein Speiseeis aus rein natürlichen Zutaten, ohne Hilfsstoffe und Zuckerzusatz. Bei jedem Wetter ein echter Genuss für Groß und Klein!

> **TIPP**
> Schokostückchen, Joghurt, Keks- und Fruchtstücke hinzugeben – so wird es noch leckerer!

66

Locker-flockig geht's am besten

WIE KANN MAN BUTTER ZUM BACKEN SCHNELL WEICH MACHEN?
MIT EINER KÜCHENREIBE!

Selber backen liegt im Trend und macht viel Vergnügen, ob mit Kindern oder nur für sich allein. Spontanes Backvergnügen scheitert aber manchmal daran, dass die Butter aus dem Kühlschrank hart wie Stein ist und sich deshalb nicht verarbeiten lässt. Erwärmen im Topf führt meist nur dazu, dass sie schmilzt – auch keine Lösung, denn die Butter soll ja nur leicht temperiert und cremig weich werden. Wer wenig Zeit hat, kann aber zur Küchenreibe als Hilfsmittel greifen. Auf der für Karottenstifte üblichen Lochgröße lassen sich problemlos Butterflocken abreiben, die man leicht verrühren und zu einem geschmeidigen Teig verarbeiten kann, ohne die Butter stundenlang vorher warm zu stellen.

67

Eine saubere Sache

WIE STREICHT MAN OHNE FARBSPRITZER DIE DECKE? MIT EINEM PAPPTELLER ALS SPRITZSCHUTZ!

Anstreichen gehört zu den befriedigendsten Arbeiten im Haus, denn nachher sieht man genau, was man geschafft hat. Und leider auch, wo man gekleckst hat. Fast unvermeidlich sind Farbspritzer beim Streichen der Decke – es sei denn, man lässt sich etwas einfallen! Nehmen Sie einen Pappteller oder einen dünnen Plastikdeckel und schneiden in der Mitte einen Schlitz in Pinselbreite hinein (nicht zu groß, damit der Pinsel nicht durchrutscht). Dann den Pinsel bis zum Borstenansatz hindurchstecken. Herunterlaufende Farbe und Farbkleckse werden auf diese Weise aufgefangen, noch bevor sie auf den Boden tropfen. Das Auslegen mit Zeitung oder Folie können Sie sich sparen, und die Hände bleiben auch schön sauber!

68

Fleckenloser Fingerschmuck

WIE KANN MAN VERHINDERN, DASS RINGE ABFÄRBEN?
MIT EIN WENIG FARBLOSEM NAGELLACK!

Besitzen Sie auch ein Schmuckkästchen voll wunderschöner Ringe in allen Farben, Formen und Materialien? Dann haben wir einen Tipp für Sie: Modeschmuck wird oft aus weniger wertvollen Legierungen hergestellt, sodass die Metalle irgendwann oxydieren und dann hässliche dunkle Flecken und Verfärbungen an den Fingern hinterlassen, vor allem wenn die Haut darunter schwitzt. Um das zu verhindern, gibt es ein probates Mittel: Tragen Sie auf der Innenseite des Rings, wo er Hautkontakt hat, eine dünne Schicht farblosen Nagellack auf. So „isoliert", hat das ärgerliche Abfärben ein Ende.

> **TIPP**
> Da sich die Schutzschicht mit der Zeit abnutzt, tragen Sie ab und zu neuen Lack auf!

69

Für faltenlose Eleganz

WIE LÄSST SICH VERHINDERN, DASS KLEIDER VOM BÜGEL RUTSCHEN?
MIT EINEM GUMMIBAND!

Ein schönes Kleid, heißt es, soll „gut fallen" – aber doch bitte nicht vom Bügel rutschen! Wer seine Lieblingsstücke beim nächsten Blick in den Kleiderschrank nicht zerknittert am Boden vorfinden will, sollte Gummibänder sammeln. Ein über die Schulterecke des Bügels gespanntes breiteres Gummiband hindert nämlich den Stoff daran, über die glatte Kunststoffoberfläche mir nichts dir nichts in die Tiefe zu rutschen, kaum dass das Kleidungsstück weggehängt und die Schranktür geschlossen wird. Auch Schönes braucht manchmal etwas Halt im Leben …

❝ TIPP
Den gleichen Zweck erfüllen Filzbänder. Auf den unteren Bügelsteg geklebt, verhindern sie, dass Hosen vom Bügel rutschen.

70 Gleiches zu Gleichem

WIE LÄSST SICH EIS IN DEN WEIN GEBEN, OHNE IHN ZU VERWÄSSERN?
MIT GEFRORENEN WEINTRAUBEN!

Wein sollte immer richtig temperiert getrunken werden, Weißwein – aber auch Sekt und Prosecco – auf jeden Fall gut gekühlt. Gerade im Sommer geht die Kühlwirkung aber schnell verloren, und der Wein nimmt im Nu Umgebungstemperatur an. Dem Problem mittels Eiswürfeln zu Leibe zu rücken, ist wie Wasser in den Wein zu gießen. Das soll nicht sein! Eine stilvolle Alternative zu schnöden Wassereiswürfeln bieten dagegen zuvor im Eisfach gekühlte Weintrauben (vorher waschen, Stiele und gegebenenfalls Kerne entfernen). Was könnte besser passen? Sieht hübsch aus und erfüllt seinen Zweck. Die Traube kommt zum Wein und Ihre Gäste kommen zu einem besonderen Genuss. Und am Ende winkt noch ein fruchtiger Leckerbissen!

71

Ordnung von Anfang an

WIE BEWAHRT MAN SCHRAUBEN UND DÜBEL VON EINEM MÖBELSTÜCK AUF?
ZWISCHEN ZWEI KLEBESTREIFEN!

Möbel zum Selbstbau sind mittlerweile Standard. Jeder kann sie mit etwas Geschick ohne fachmännischen Beistand selbst zusammenschrauben und dabei eine Menge Geld sparen! Meist werden sogar Ersatzschrauben und -dübel mitgeliefert, falls mal etwas kaputtgeht und ausgetauscht werden muss. Aber wie bewahrt man die Kleinteile so auf, dass man später noch weiß, zu welchem Möbelstück sie gehören? Schließlich sehen sich diese Dinger alle verflixt ähnlich … Unser Tipp: den Durchblick bewahren! Kleben Sie zusammengehörige Kleinteile zwischen breite durchsichtige Klebestreifen und beschriften Sie diese mit einem wasserfesten Filzstift. So wissen Sie sofort, zu welchem Möbelstück sie gehören, und können mit einem Blick sehen, was und wie viel noch da ist.

❝ TIPP
Bei größeren Schraubenmengen eignen sich durchsichtige, beschriftete Frühstücksbeutel.

72

Pinseln, kleben, fönen …

WIE LÖST MAN ABKLEBEBAND SAUBER VON DER WAND?
MAN HÄLT EINFACH DEN WARMEN FÖN DRAUF!

Beim Zimmerstreichen kommt unweigerlich der Moment, wo besonders penibel gearbeitet werden muss, zum Beispiel überall dort, wo Farbflächen aufeinanderstoßen oder Rahmen und Möbel vor Farbe geschützt werden sollen. Da gibt es nichts Besseres als Abklebeband – keine Nasen, keine Flecken! Den nützlichen Streifen rückstandsfrei und geschmeidig wieder abzubekommen, ist allerdings nicht immer ganz so einfach – vor allem, wenn er schon getrocknet ist. Falls es einmal nicht klappt, bewahren Sie einen kühlen Kopf und greifen zum Fön. Mit warmer Luft bestrahlt, weicht der Klebstoff auf, und das Band lässt sich mühelos abziehen. Zurück bleibt eine saubere Farbkante – und etwas warme Luft …

❝ TIPP
Nach demselben Prinzip lassen sich auch Briefumschläge öffnen, ohne sie zu zerreißen.

73

Weißwein macht keine Rotweinflecken

WIE LASSEN SICH ROTWEINFLECKEN ENTFERNEN? MIT EIN WENIG WEISSWEIN!

Hoch das Glas! ... und schon ist es passiert: ein Rotweinfleck auf weißer Tischdecke. So einen Fleck kriegt man oft nur schwer wieder weg. Deshalb sollte man umgehend handeln, sobald das Malheur passiert und bevor der Fleck getrocknet ist! Zwar gibt es auch im Handel diverse, meist chemisch aggressive Mittel, aber gegen Rotwein hilft – wer hätte das gedacht? – ein Schluck Weißwein! Ein halbes Glas Weißwein gemischt mit der gleichen Menge kohlensäurehaltigem Mineralwasser auf den Fleck geben und mit einem sauberen Schwämmchen trocken tupfen, schon strahlt das Tischtuch wieder fleckenlos weiß!

TIPP

Bei hartnäckigen Rotweinflecken hilft es, reichlich Natron (Speisesoda) auf den Fleck zu streuen und einige Stunden einwirken zu lassen. Danach normal waschen.

74

Für Freunde herzhafter Genüsse

WIE LASSEN SICH ZWIEBELN AM BESTEN AUFBEWAHREN?
IN EINEM AUSSORTIERTEN NYLONSTRUMPF!

Für manche Gerichte sind frische Zwiebeln einfach unverzichtbar, und außerdem sind sie natürlich und gesund! Also sollte man immer welche im Haus haben. Um sie richtig aufzubewahren, steckt man sie am besten in einen aussortierten, sauberen Nylonstrumpf und macht nach jeder Knolle einen Knoten in den Schlauch. An einen dunklen, gut belüfteten Ort gehängt, bekommen die Zwiebeln genug Luft und keine Druckstellen. Benötigt man eine, schneidet man sie einfach mit der Schere unter dem nächsten Knoten ab, und schon kann man sich ans Häuten der Zwiebel machen – ob mit oder ohne Tränen…

" WISSENSWERT
Zwiebeln wirken antibakteriell, reinigen den Körper und regen die Verdauung an.

75

Dreimal werden wir noch wach

WIE BEWAHRT MAN EINE LICHTERKETTE ORDENTLICH AUF?
UM EINEN KLEIDERBÜGEL GEWICKELT!

Gibt es eine Methode, wie man die Lichterkette am besten um den Weihnachtsbaum legt? Gibt es! Fangen Sie unten an, mit dem Stromanschluss der Kette am Stamm, und winden Sie die Schnur von unten nach oben spiralförmig um den Baum. Noch besser sind zwei Ketten, die nach der gleichen Methode angelegt werden. Und wenn das Fest der Feste vorbei ist, was dann? Dann nehmen Sie die Christbaumkette vorsichtig ab und wickeln sie der Länge nach um einen Kleiderbügel. So kann es erst gar nicht zu unentwirrbaren Verwicklungen kommen, die dann im nächsten Jahr die Vorfreude auf das Fest verderben!

❝ TIPP
Christbaumkugeln und anderer Glasschmuck lassen sich gut geschützt in passenden Eierkartons aufbewahren!

76

Exotik, hauchdünn geschält

WIE WIRD EINE INGWERKNOLLE OHNE VERLUSTE GESCHÄLT? MIT EINEM TEELÖFFEL!

Ingwer gehört zu den unverzichtbaren Zutaten in jeder modernen Küche, die etwas auf sich hält. Der feinsäuerliche Geschmack der exotischen Wurzelknolle verleiht Suppen und Saucen eine besondere Note. Aber aufgrund ihrer eigenwilligen Form sind Ingwerknollen nicht immer leicht aus ihrer Schale zu bekommen. Um beim Schälen nichts zu verschwenden, kann man statt eines herkömmlichen Kartoffelschälers oder Messers einen Teelöffel verwenden. Die Knolle von unten mit dem Daumen gegenhalten und dann mit dem Teelöffel am Wurzelkörper entlang von oben nach unten ziehen. So wird die spröde Schale abgezogen, aber nichts vom gesunden Kern geht verloren!

> **WISSENSWERT**
> Ingwer wurde schon im Altertum wegen seiner heilsamen Eigenschaften hoch geschätzt, er wirkt verdauungsfördernd, fettabbauend und schmerzlindernd.

Wasser Marsch

77

WIE LÄSST SICH EIN EIMER MIT WASSER FÜLLEN, DER NICHT INS BECKEN PASST? ÜBER EINE KEHRSCHAUFEL AUS KUNSTSTOFF!

Manchmal passt der Wischeimer einfach nicht unter den Wasserhahn. Und wer hat schon immer die passende Verlängerung zur Hand, um sie an den Auslauf zu schrauben? Damit Sie in dieser Lage nicht auf dem Schlauch stehen, hier eine praktikable Lösung: Nehmen Sie einfach eine Kehrschaufel, wie es sie in jedem Haushalt gibt. Die meisten Kunststoffmodelle sind nämlich mit einem röhrenförmigen Schaft ausgestattet, in den der Stiel des Handfegers eingeklinkt werden kann.

Sie können den unscheinbaren Kehrichtsammler zu einem Wasserleitsystem umfunktionieren, indem Sie die Schaufel unter den Strahl halten und das Wasser durch den Schaft über den Rand des Waschbeckens wie durch einen Kanal in den davorstehenden Eimer laufen lassen. Gewusst wie!

78

Für gesundheitsbewusste Schleckermäulchen

WIE LÄSST SICH EIS AM STIEL GANZ EINFACH SELBER MACHEN?
MIT JOGHURT IM EIGENEN GEFRIERFACH!

Kinder lieben Eis am Stiel, nicht nur, wenn es heiß ist! Sie finden, das ist teuer, klebrig und viel zu süß? Dann machen Sie Eis doch einfach selbst, aus Joghurt zum Beispiel! Schmeckt viel erfrischender und ist nicht so zuckrig und schwer wie Eis – genau das Richtige für zwischendurch. So ein „Frozen Yogurt" am Stiel lässt sich ganz einfach selber machen: Man nehme pro Person einen nicht zu großen Joghurtbecher, stecke einen Eisstiel aus Holz in der Mitte durch die Deckelfolie und stelle das Ganze einige Stunden ins Gefrierfach. Fertig! Um das Eis danach leichter aus dem Becher zu bekommen, halten Sie diesen einen Moment unter warmes Wasser. Jetzt darf geschleckt werden!

" TIPP
Teelöffel statt Holzstielchen gehen auch!

79 Sieben auf einen Streich

WIE SCHNEIDET MAN MEHRERE KIRSCHTOMATEN AUF EINMAL? ZWISCHEN TELLER UND UNTERTASSE!

Kirschtomaten – oder Zwergtomaten, wie sie auch heißen – sind besonders aromatisch und dürfen in keinem Sommersalat fehlen. Lästig nur, dass man sie alle einzeln aufschneiden muss, wobei es dann manchmal auch noch gehörig Spritzer gibt oder die kleinen runden Dinger einfach nicht stillhalten wollen. Dem lässt sich ein Riegel vorschieben! Legen Sie die Tomaten zu mehreren auf einen Teller oder ein Schneidbrett, stülpen dann eine Untertasse darüber und drücken diese mit der einen Hand leicht auf die Unterlage, so dass die Tomaten nicht wegrollen können. Dann schneiden Sie mit dem Messer in der anderen Hand alle Tomaten auf einmal in der Mitte durch. Guten Appetit!

> **TIPP**
> Diese Methode eignet sich auch für Kirschen, Beeren und Trauben.

80

Für cremigen Eisgenuss sofort

WIE BLEIBT EIS IM GEFRIERFACH SCHÖN CREMIG?
MIT EINEM EINFACHEN FRISCHHALTEBEUTEL!

Wer gerne Eis isst, kennt das Problem: Man nimmt eine Packung Speiseeis aus dem Gefrierfach, um sich und seinen Lieben eine Portion kühlen, süßen Genusses zu gönnen – und trifft auf einen regelrechten Eisklumpen. Das Milcheis ist so tief gekühlt, dass sich darin Eissplitter gebildet haben, die den Genuss empfindlich stören, und man muss erst warten, bevor man zum Löffel greifen kann. Vor allem bei angebrochenen Speiseeispackungen passiert das oft. Deshalb empfiehlt es sich, Eispackungen in eine nicht zu dünne Lebensmitteltüte zu hüllen, bevor man sie wieder ins Eisfach legt. So bleibt das Eis schön cremig und hat immer die richtige Konsistenz.

> **TIPP**
> Funktioniert auch mit Eis aus der Eisdiele!

81
Knoblauch-schälen ohne Knoblauchfinger

WIE LASSEN SICH KNOBLAUCHZEHEN AM BESTEN SCHÄLEN?
MIT EINEM TELLER UND EINER KUNSTSTOFFDOSE

Knoblauch gibt vielen Speisen erst die richtige Note – wenn nur die Finger nach dem Knoblauchschälen nicht so riechen würden! Wer sich die Finger nicht für den Rest des Abends „aromatisieren" möchte, legt die Zehen auf eine feste Unterlage oder ein Schneidbrett und drückt dann von oben leicht einen Teller darauf. Etwas hin und her schieben, schon platzt die dünne Haut auf. Um sie ganz von der Zehe zu lösen, den Knoblauch nun in eine Kunststoffdose geben, Deckel drauf und kräftig schütteln. Die Zehen entblättern sich sozusagen von alleine!

> **WISSENSWERT**
> Knoblauch gilt als das wirksamste natürlich vorkommende antibakterielle Mittel!

82 Kopfüber ins Glas

WIE HÄLT MAN EINEN GETRÄNKEKARTON BEIM EINSCHÜTTEN? MIT DEM AUSGUSS NACH OBEN!

Milch oder Saft aus einem Getränkekarton in ein Glas zu schütten, ist gar nicht so einfach. Oft ist der Strahl zu stark oder die Flüssigkeit schwappt aus der Schüttöffnung, läuft am Karton herunter und verwandelt den Tisch in eine Seenlandschaft. Dabei geht es viel einfacher und garantiert tropffrei! Intuitiv halten wir einen Getränkekarton beim Schütten mit dem Ausguss nach unten. Besser ist es aber, die Sache ein wenig auf den Kopf zu stellen und die Flüssigkeit mit der Öffnung nach oben auszugießen. Der Druck ist geringer, und ein stabilerer Strahl entsteht, der sich problemlos ins Glas lenken lässt. Probieren Sie es einmal!

83

Für verliebte Köche ...

WAS TUN MIT EINER VERSALZENEN SUPPE? EINE ROHE KARTOFFEL BRINGT RETTUNG!

Zu viel Salz ist ungesund, das dürfte inzwischen bekannt sein; es schadet, so versichern uns die Ärzte, Magen, Nieren und Blutdruck. Aber was tun, wenn beim Kochen doch einmal zu viel Salz in die Suppe geraten ist? Das Ganze mit Wasser verlängern? Eine ziemlich fade Lösung. Besser wirkt eine rohe, sauber geschälte Kartoffel. Gibt man sie in eine versalzene Suppe und lässt sie ein wenig ziehen, absorbiert sie das überschüssige Salz, und die Suppe wird wieder genießbar. Hilft übrigens auch bei versalzenem Kochwasser für Spaghetti und andere Pasta!

„ HINWEIS
Nicht vergessen, die Kartoffel vor dem Servieren herauszunehmen.

84

Für reibungsloses Rauf und Runter

WIE MACHT MAN EINEN REISSVERSCHLUSS WIEDER FLOTT?
MIT EINEM BLEISTIFTSTRICH!

Immer das alte Lied: Alles ist startklar für den Ausflug – und dann klemmt irgendwo der Reißverschluss. Grund ist meist, dass sich Zähne und Reiter verkanten, ein Risiko, das vor allem bei Reißverschlüssen aus Metall besteht, weil das Metall mit der Zeit oxydiert. Ein Schmiermittel schafft da Abhilfe, aber natürlich kein Öl, denn man will ja den Stoff nicht ruinieren. Greifen Sie doch einfach zum Stift! Zum Bleistift, um genauer zu sein, denn Bleistiftminen sind aus Grafit, und Grafit eignet sich hervorragend als Gleitmittel für Feinmechanik aus Metall. Streichen Sie mit der Bleistiftspitze über die Zähne des Reißverschlusses, und die Sache läuft wieder wie am Schnürchen!

" TIPP
Eine gelegentliche Behandlung auf ganzer Länge lässt Reißverschlüsse länger leben!

85

Für den entspannten Schnappschuss vom Ich

**WIE MACHT MAN SELFIES, OHNE ZU WACKELN?
MIT EINEM HEADSET ODER SMARTPHONE-KOPFHÖRERN**

Alle machen Selfies – aber nicht jeder macht gute Selfies. Es ist ja auch gar nicht so einfach, die kleinen Selbstporträts mit dem Smartphone oder Handy zu schießen. Mal stimmt der Bildausschnitt nicht, mal der Blickwinkel, mal sind sie verwackelt oder unscharf. Freie Hand zur Bildgestaltung bietet hier ein Hardwaretrick. Wer ein iPhone und ein Headset mit integriertem Lautstärkeregler besitzt, kann den Auslöser auch durch Druck auf die +-Taste betätigen. So können Sie sich in Positur begeben und, ohne das Gerät durch den Druck auf den Auslöser aus der Position zu bringen, ganz entspannt die schönsten Bilder von sich und Ihren Liebsten auf den Datenspeicher bannen.

86

Sprudelnde Frische bei jedem Öffnen

WIE BLEIBEN KOHLENSÄUREHALTIGE GETRÄNKE LÄNGER FRISCH?
IN GEQUETSCHTER FLASCHE!

Wer Erfrischungsgetränke mit Kohlensäure mag, kennt das Problem: Hat man die Flasche einmal geöffnet, ist es mit der sprudelnden Frische schnell vorbei, und mit jedem Glas aus der Flasche schmeckt der Inhalt fader und abgestandener. Grund ist das Entweichen der Kohlensäure, die für den Sprudeleffekt verantwortlich ist. Wer also die Kohlensäure im Getränk halten will, muss ihm sozusagen „die Luft" abdrehen und dazu die Kunststoffflasche nach jeder Entnahme ordentlich zusammendrücken, bis nur noch ganz wenig Luft unter dem Schraubverschluss bleibt. Mag seltsam aussehen – wirkt aber! Und sorgt für garantiert spritzige Erfrischung bei jedem neuen Glas…

87 Was man von Affen lernen kann

WIE WIRD EINE BANANE RICHTIG GESCHÄLT?
VON UNTEN NACH OBEN!

Die meisten Menschen schälen eine Banane, indem sie den Stiel mit der Hand abknicken oder mit einem Messer anschneiden und dann die Schale abziehen. Allerdings führt das nicht immer zum gewünschten Resultat. Besser, man macht es wie die anerkannten Fachleute in Bananenfragen, die Affen! Wer schon einmal einen unserer nächsten Verwandten im Zoo dabei beobachtet hat, wie er den Fruchtimbiss von Mutter Natur aus seiner gelben Verpackung schält, wird feststellen, dass dies von der Spitze her geschieht. So geht es nämlich sehr viel leichter und sauberer. Wahrscheinlich finden Affen es ziemlich kurios, dass wir Menschen in Sachen Bananen das Pferd sozusagen von hinten aufzäumen ...

88

Kinder brauchen Orientierung

WIE LERNEN KINDER MIT VIEL SPASS, RECHTS UND LINKS ZU UNTERSCHEIDEN? MIT EINEM EINFACHEN AUFKLEBER!

Kinder müssen so viel lernen, und die Eltern sollten ihnen dabei helfen, was manchmal gar nicht so einfach ist. Zum Beispiel: Wie unterstützen wir die Kleinen dabei, zu lernen, den rechten Schuh vom linken zu unterscheiden? Ganz einfach: mit Bildern! Am besten mit einem Aufkleber von einer Figur aus der Lieblingsgeschichte oder dem Lieblingscomic der Kids. Man schneidet ihn in der Mitte durch, klebt die linke Seite in den linken, die rechte in den rechten Schuh. Jetzt kann das Kind, wenn es unsicher ist, die Schuhe so hinstellen, dass das Motiv zusammenpasst – dann passen auch die Schuhe! Lernen kann so einfach sein und dabei so viel Spaß machen!

89

Das Geldversteck für alle Fälle

WO LASSEN SICH BANKNOTEN UNAUFFÄLLIG IM GEPÄCK VERSTECKEN?
IN EINEM LEEREN LIPPENSTIFT!

Auf Reisen ist die Gefahr, dass einem die Geldbörse abhandenkommt, leider besonders groß. Damit Sie im Falle eines Falles nicht völlig mittellos dastehen, empfiehlt es sich, etwas Bargeld an unauffälliger Stelle im Gepäck, im Schminktäschchen, in der Handtasche oder im Handschuhfach zu verstecken. Ein fast todsicheres Versteck ist zum Beispiel eine Lippenstifthülle. Dazu nehmen Sie einen alten Lippenstift oder einen Stift für Lippencreme, entfernen die restliche Pflegemasse und spülen das Gehäuse mit Seife gründlich aus, bis alle Fettreste verschwunden sind. Gut trocknen lassen – und fertig ist die Notpatrone zur Aufnahme eines kleinen Röllchens Geldscheine. Sicher ist sicher!

90

Sauberkeit in Reih und Glied

WIE BRINGT MAN ORDNUNG IN DEN PUTZSCHRANK?
MIT EINER AUFHÄNGESTANGE!

Für jeden Zweck und jeden Schmutz ein eigenes Putz- oder Reinigungsmittel, dazu noch Waschmittel, Schwämme, Tücher, Lappen – und schon ist der Platz im Putzschrank am Ende, alles steht dicht an dicht, und wenn man es braucht, muss man erst den ganzen Schrank durchwühlen, bis man es gefunden hat. Ergebnis: Chaos statt Sauberkeit. Besser, Sie bringen Ordnung in die Welt der Haushaltsreinigung! Dazu reicht es, eine kleine Stange, z. B. unterhalb des Beckens, im Spülschrank anzubringen, an der sich Reinigungsmittelflaschen, Tücher, Lappen und vieles mehr hübsch ordentlich in Reih und Glied aufhängen lassen. Von nun an steht bei jedem Türöffnen eine allzeit bereite Putzkolonne uneingeschränkt zu Ihrer Verfügung!

91 Alles unter Kontrolle

WIE LÄSST SICH ORDNUNG IN DAS CHAOS DER FERNBEDIENUNGEN BRINGEN?
MIT KLETTBAND UND KLEBSTOFF!

Auf mancher Fernsehkommode sieht es aus wie in der Schaltzentrale eines Großkraftwerks, so viele verschiedene Fernbedienungen stapeln sich dort: eine für den Fernseher, eine für den Festplattenrecorder, eine für die angeschlossene Stereoanlage usw. Ein unübersichtliches Chaos, das geradezu nach Ordnung schreit! Platz und Übersicht lassen sich schaffen, indem man die einzelnen Fernbedienungen an die Seitenwand des Fernseh- bzw. Medienmöbels heftet. Dazu eignet sich Klettband besonders gut. Kleben Sie je einen Streifen auf die Rückseiten der Fernbedienungen, den anderen an den Schrank, sodass jedes Gerät seinen eigenen Platz bekommt. Eine kostengünstige und praktische Lösung für ein allabendliches Problem!

> **TIPP**
> Verwenden Sie nur hochwertige, dauerhaft klebende Klettstreifen.